ここがポイント! 小学校プログラミング教育の要点ズバリ!

embotで楽しく実践できる 指導案 特選 15

エム・ボット

宮城教育大学教授
安藤明伸

NTTドコモ イノベーション統括部 ／e-Craft CEO
額田一利　著

小学館

本書の見方

第**3**章 学習指導案　実践編

各校の先生が実際に行われたプログラミング授業の学習指導案より抜き出した重要な要素をまとめました。それらに対して、特に注目すべきポイントについて、安藤氏と額田氏がコメントで解説しています。

第**4**章 学習指導案　資料編

第3章の実践編に抜粋掲載された、各学習指導案の全要素を掲載しています。学習指導案作成時の参考にしてください。

第 **1** 章

なぜ
プログラミング教育が
必要なのか

宮 城 教 育 大 学 教 授
安藤明伸

なぜプログラミング教育が必要なのか

安藤明伸

この本では特に小学校でのプログラミング教育を対象にしています。小学校に限らずですが、教育課程で指導する最低限の内容は学習指導要領によって定められています。そのため、確かに「プログラミングを小学校で行わなければいけない理由は、学習指導要領に書かれたから。」ということになるのですが、指導に当たる皆さんには、その意義や必然性について理解していただけると、授業での力点の置き方も変わってくると思います。第3章以降では、指導過程の中でのポイント解説をしていますが、ここでは「教育の情報化に関する手引」に書かれていることを中心に補足しながら、理解を深めていきたいと思います。

コンピュータで処理することが前提の世の中になっている

　右の図は内閣府が作成したSociety5.0の説明資料の図の1つです。ご覧になったことがある方も多いと思います。皆さんはこれを見て何を考えますか？　ここでは、人間が困難に直面したときにその問題を解決するイノベーションと、そのテクノロジーの普及により生じた問題を、新たなイノベーションで解決してきた人類の技術史と捉えていきたいと思います。

　Society1.0の時代の問題は「生きること」そのものではないでしょうか。そのため人類は道具をつくる・使うことで狩りを効率化させました。しかし食料となる動物がいつもいるわけではありません。そのため人類は環境を制御するというイノベーションを起こして、農耕生活を実現させました（Society2.0）。

　ところが今度は広くなりすぎた農地の管理が問題化しました。そこに産業革命や電気の発明などのイノベーションで、労力（エネルギー）が必要な作業を自動化することができ、大量に生産することができるようになりました（Society3.0）。

　その結果、公害や環境汚染という問題が生じ、それを電気的な回路を組み、

データを送受信することで輸送コストやエネルギー消費を抑えることに成功したのです（Society4.0）。

　では、Society5.0という言葉が出てきている現在は、どのような問題が生じているのでしょうか。その1つは、大量の情報に振り回されるということではないでしょうか。情報がありすぎて人間が1つ1つを吟味できる量ではなくなってきていることを皆さんも感じていることと思います。そこで解決の鍵となるのが「プログラム」です。Society3.0がエネルギーの変換を工業化により自動化したのに対して、今度は，プログラムが情報の処理を自動化することで問題の解決に近づくのです。身の回りの電気で動く製品にはマイコンと呼ばれる小さなコンピュータが組み込まれていることが多く、それはプログラムで動作が書かれています。Society4.0までは実態のあるイノベーションでしたが、いよいよコンピュータによってつくり出される世界がイノベーションの鍵となったのです。この図のSocety4.0までのテクノロジーは全て小学校のいろいろな教科の中で扱われている内容です。そう考えてくるとSociety5.0の社会やテクノロジー、つまり「プログラム」をつくること「プログラミング」についても小学校段階で扱うことが妥当であることがお分かりいただけると思います。しかも、それは過去のSocietyとは異なり、コンピュータさえあれば誰でもすぐに扱うことができるのです。

仕組みを知ることで可能性と限界、健全な距離感が分かる

　皆さんの周りの子どもたちを思い出してみてください。コンピュータ＝すごい！デジタル＝正しい！というイメージを持っている子どもたちは多いと思いませんか？この思い込みが落とし穴なのです。コンピュータは言われたとおりにしか動いていません。つまり、言われたことを何度でも正確に高速で実行できることはすごいことなのですが、そのような結果を出すように、どのようにプログラミングされているのか、ということが重要なのです。ですから同じコンピュータでもプログラムに間違いがあれば、予期せぬ結果になったりするのです。

【 コンピュータの特長 】
- 指示されたとおりに実行する
- 毎回同じに正確に実行する
- 実行速度が高速

　そして、コンピュータで扱うデータは全てデジタルに変換しなければなりません。ところがアナログなデータをデジタルなデータに変換する時には、データの一部が捨てられてしまいます。それを少なくする、つまり精度を上げようとすればするほどデータの量は膨大になってしまいます。

　そこで、どの程度の品質で処理するのかという仕様が大切になってきます。通常、アプリとして公開されているものは価格や性能とのバランスを見て、最適な精度で処理するようにプログラムがつくられています。コンピュータという機器の性能を引き出すのはプログラムであり、プログラムをつくるのは人間です。自分が使用しているコンピュータが、どのような原理で動いているのか、それが分かるだけで、コンピュータがブラックボックスではなく、人間がつくった仕掛けで動いている装置に見えてくることでしょう。できることできないこと、得意なこと不得意なことがあることを分かったうえで、過度な期待をせず、かつ目的に応じてどう使うべきか考えられるようにさせてあげたいものですね。

子どもたちの可能性を広げる

　学校での学習活動は、基本的にはどの活動も全て子どもたちの可能性を広げると言えます。しかしその中でも、プログラミングの体験は貴重なものになるでしょう。

　その理由の1つ目は、プログラミングをする際は、いろいろな教科での学びや考え方を結び付けることになるからです。いくつか例を挙げてみます。

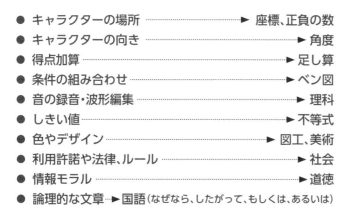

- キャラクターの場所　━━━━▶ 座標、正負の数
- キャラクターの向き　━━━━━━▶ 角度
- 得点加算　━━━━━━━━━▶ 足し算
- 条件の組み合わせ　━━━━━━▶ ベン図
- 音の録音・波形編集　━━━━━▶ 理科
- しきい値　━━━━━━━━━▶ 不等式
- 色やデザイン　━━━━━━━▶ 図工、美術
- 利用許諾や法律、ルール　━━━▶ 社会
- 情報モラル　━━━━━━━━▶ 道徳
- 論理的な文章┄┄▶国語（なぜなら、したがって、もしくは、あるいは）

　いかがでしょうか。プログラミングが教科横断させやすいことがお分かりいただけると思います。学習したことを活用するだけではありません。正式に教科のカリキュラムで学習する前にプログラミングで「原体験」させることも可能です。この本でも紹介している角度を用いてお話をつくる活動では、小学校2年生で実施しています。角度という概念を学習する前に、1つの点を中心として回転するという概念と数字を変えることでそれが変わってくるという体験をさせています。正式に4年生で角度のことを教える際に、このときの経験を関連付けることで、より学びを確実にすることができます。

　理由の2つ目としては、問題を解決するためにアプリ探しにとどまるのではなく、プログラムをつくるということも選択肢に入れられるようになるということです。これは創造的問題解決と言われることがあります。当然製品レベルのプログラムをつくるのは手間がかかりますが、毎日のちょっとした自分の業務を自動化するツールや、繰り返すことの多い作業はプログラムで効率化できることが案外あります。

以前、小学校5年生の算数「単位当たりの量」の授業で、自動的に計算するプログラムをつくるという授業を参観したことがあります。授業後に見せていただいた児童の感想の中に、「プログラムは、だらだらしたいときにつくればよい」というものがありました。表現が適切かどうかはおいておき、プログラムを一度つくれば面倒な作業を自動化して、自分の手間が省ける、そういう意図で書いたものです。この授業では、割り算部分の式をプログラミングするだけでしたが、子どもにとってはプログラミングによって可能性が広げられるという貴重な気付きとなった印象的なコメントでした。

どのような職業でも極めて重要

　プログラミングでは、何度も似たような処理を書く必要があります。それはコンピュータは言われたことしかしないため、その都度同じことを伝えなければならないからです。「あ、何か似たようなことをしているな」という気付きは、パターンを見つけたということになります。プログラミングではこうしたパターンを関数（function）として定義しておき、それを流用することでプログラム全体を見やすくしたり、効率的にプログラムを書くことがあります。何かをしようとしたときに、そのためには何を準備しておけばよいのか、どのような順で段取りをするとよいのか等、プログラミングではこうした考え方を必要とします。先ほど説明したようなコンピュータの特長を理解して活用していくことに加えて、こうした考え型は、どのような職業においても求められるものであるといえます。

プログラミング教育のねらい

　それでは、プログラミング教育の必要性について見てきたところで、小学校段階でのプログラミング教育のねらいを確認してみましょう。右の図は、文部科学省『教育の情報化に関する手引』p.64等で書かれている内容を筆者が図にしたものです。大切なのは、ねらいは3つあり、これは1回の授業で全て満たさなければならないのではなく、6年間の中でバランスよく扱っていけばよいということです。そして、教科以外で行うプログラミングでは、主に2つのねらいを意識すればよいということが分かります。
　同p.57にはこのようにも説明されています。

小学校プログラミング教育のねらい

「プログラミング的思考」
を育むこと

各教科等での学びを
より確実なものと
すること

プログラムの働きやよさ
等への「気付き」を促し、
コンピュータ等を上手に
活用しようとする態度を
育むこと

「小学校におけるプログラミングの学習活動のねらいは、プログラミング言語を覚えたり、プログラミングの技能を習得したりすることでなく、プログラミング的思考を育むこと、プログラムの働きやよさ、情報社会がコンピュータをはじめとする情報技術によって支えられていることなどに気付き、身近な問題の解決に主体的に取り組む態度やコンピュータ等を上手に活用してよりよい社会を築いていこうとする態度などを育むこと、各教科等の内容を指導する中で実施する場合には、各教科等での学びをより確実なものとすること」

そのためには、教える側に必要なのは高度なプログラミングテクニックではなく、子どもたちがプログラミングを行う中で、いかにして気付きを得られるようにするか、思考を導くか、プログラミングを楽しいと思わせられるかという授業研究が必要なのです。

例えば、知識に関しては、以下のことが挙げられます。

- コンピュータはプログラムで動いていること
- プログラムは人が作成していること
- コンピュータには得意なこと、できないことがあること
- コンピュータが日常生活の様々な場面で使われ、生活を便利にしていること
- コンピュータに意図した処理を行わせるためには必要な手順があること

本書では　このことを子どもたちにどのように納得して気付かせられるのか、多くの事例で解説しています。

　それでは、「プログラミング的思考」について見ていきましょう。プログラミング的思考は、「小学校段階における論理的思考力や創造性、問題解決能力等の育成とプログラミング教育に関する有識者会議」において、いわゆる「コンピューテーショナル・シンキング」の考え方を踏まえつつ、プログラミングと論理的思考との関係を整理しながら提言された定義です。

　具体的には以下のように書かれています。

> 　自分が意図する一連の活動を実現するために、どのような動きの組合せが必要であり、一つ一つの動きに対応した記号を、どのように組み合わせたらいいのか、記号の組合せをどのように改善していけば、より意図した活動に近づくのか、といったことを論理的に考えていく力

　この考え方自体は、コンピュータを使用しなくても意識できる面があります。先生が毎日行っている、朝の会、給食指導、清掃指導などを児童に伝えるときは、安全に早くきれいにさせるために少なからずプログラミング的思考を用いて指示しているといえるでしょう。

　しかし、プログラミング的思考は、コンピュータに対してプログラミングをしないと意識化できない面があり、その両面を認識・対比することが重要です。

　　プログラミング的思考 ＝
　　　人が人に対して適応する思考 ＋ 人がコンピュータに対して適応する思考

　本書で紹介するembotのプログラミング方法は、このプログラミング的思考との相性が良いといえます。『教育の情報化に関する手引』p.67等にも紹介されている、プログラミング的思考を働かせるイメージの図をご覧ください。（次ページ上）

　この図の中の「意図した一連の活動」は、抽象度が高いものとして表現されます。例えば、「タブレットが大きく傾いたらembotの手をダンスしているように激しく動かす」のような感じです。それを実現するために、自分の考えを使用するプログラミング言語に用意されている表現（命令）だけを使ってコンピュータに伝えるように考えなければなりません。実はこれは容易なことではありません。コンピュー

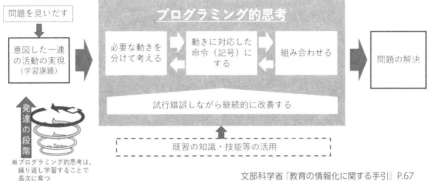

文部科学省『教育の情報化に関する手引』P.67

タは、形容詞や副詞、比喩が通じないからです。「大きく傾く」とは、どの程度、どの向きになるのか数値で指示しなければなりません。「ダンスのように」とはどのような動きを意味するのか、「激しく」とはどのような状態か等、自分自身の曖昧なイメージを数量化して精緻化し再構成する必要があります。その過程で、「ああそうか、自分の激しいというのはこんな感じ」と試しながら自分の表現に近づけていきます。人間同士のコミュニケーションでは、文脈や行間を読みつつ、相手が解釈することを期待して自分の考えを表現することと正反対の思考なのです。筆者らはこれを「デジタルな言語活動」と呼んでいます。学校教育において言語活動の充実が求められていますが、豊かな表現として解釈が重要な、強いて言えば「アナログな言語活動」に加えて、プログラミングを取り入れることで「デジタルな言語活動」が行われることで、両者の良さが対比的に強調されますし、授業の中でもこうした対比をさせることで、より言語活動が充実されることに繋がります。

プログラミング ＝ デジタルな言語活動

確かにプログラミングにおいては、繰り返し、条件分岐という制御構造として手順を構成することが基本とされるため、それらをプログラミング的思考と捉えることもあるのですが、自分の考え方そのものをデジタルに捉え直すことが重要であるといえます。

このデジタルな言語活動では、「抽象度の高い処理」を「分解」して具体的な細かい処理で表現します。そのことを実際のプログラムで考えていきましょう。

11

例えば、「実行したら、LEDが点滅して、embotに繋がれたスイッチがONになったら、モーターを回転させて終わる」という処理を考えてみます。そのときに、「要するに」全体がどのような流れになるのか抽象度を高くして全体を考えます。

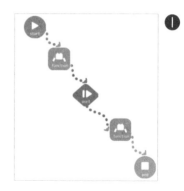

そうすると、「実行されたら何かをして、何か条件が揃ったら、何かをして終わる」という流れであることが分かります。プログラムの流れ（フローチャート）としては次の図❶のようになります。

このフローチャートさえ見れば、プログラム全体として何をしようとしているのか概要をつかむことができます。運動会のプログラムに例えれば、式次第といった感じでしょうか。手順は分解されたものの、まだ抽象度が高く、具体的に何をするとよいのかが分かりませんので、今度は要素を分解して考えます。最初の「何か」を行うfunctionではembot001という名前のembotに対して図のように、どのように「点滅」するのかブロックを組み合わせてみました。❷

次のwaitとは、その名の通り何かが起こるまで何もせずに待つ、というブロックです。ではここでは、embotに繋がれたスイッチが繋がったら、つまりONになったら次に進むようにしてみましょう。プログラムは次の図のようになります。
❸

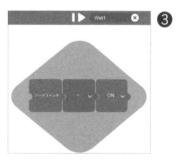

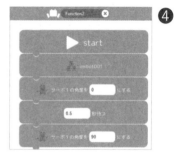

そして、次の「何か」するは、「モーターを回転させる」でした。どのように回転させるかを具体的に決めてみたのが次のプログラムです。❹

　このようにembotのプログラミング環境は、デジタルな言語活動としてプログラミング的思考を捉え、抽象化と分解を行き来しながら取り組むことができるという特長があることがお分かりいただけたでしょうか。

　こうした、全体を捉えたり、分解して考えたり、自分の考えを定量的に捉えなおしたり、結果からそうなった原因を論理的推論していくことは、特定の教科に限ったものではありません。そのため、プログラミング的思考は、特定の教科ではない全ての学習の基盤として働く情報活用能力として位置づけられています。次のページの表は、文部科学省から出されている情報活用能力の要素例です。

　先ほど説明したプログラミング的思考の視点でこの表を見てみると、デジタルな言語活動によって深められる内容がたくさんあることが分かりますね。

プログラミング教育の現状と今後

　小学校で全面実施されたプログラミング教育は、GIGAスクール構想での1人1台環境が整ったことで一層取り組みやすくなりました。全国で研修や事例集作成などが進められています。何しろ、こうした一般教養としてのプログラミングは多くの先生にとって未体験ですので、まずはプログラミングを取り入れることが目的になりがちです。導入期には、それは決して悪いことではありません。しかし、できるだけ早く、プログラミング教育の3つのねらいをバランス良く実現できる授業を展開できるようにしたいものです。この本では、多くの事例の指導過程に、児童がプログラミングを体験する上で、どのような学習場面が大切なのか、そのときどのように教師が働きかけるとよいのか、コメントしています。テクニカルな視点で開発者の額田さんが、そして教育的な視点で安藤が、勘どころを解説しました。

　プログラミング言語やICT環境は次々と新しいもの、便利なものが開発されていきます。その意味では、学習指導要領の中で最もアップデートが必要なものと言えるでしょう。ぜひ、この本で解説している点を理解しておくことで、時代によって変化しにくい本質的な要点をつかんでいただけると幸いです。

分 類		
A. 知識及び 技能	1 情報と情報技術を適切に活用 するための知識と技能	①情報技術に関する技能 ②情報と情報技術の特性の理解 ③記号の組合せ方の理解
	2 問題解決・探究における 情報活用の方法の理解	①情報収集、整理、分析、表現、発信の理解 ②情報活用の計画や評価・改善のための 　理論や方法の理解
	3 情報モラル・情報セキュリティ などについての理解	①情報技術の役割・影響の理解 ②情報モラル・情報セキュリティの理解
B. 思考力、 判断力、 表現力等	1 問題解決・探究における 情報を活用する力 （プログラミング的思考・情報モラル ・情報セキュリティを含む）	事象を情報とその結び付きの視点から捉 え、情報及び情報技術を適切かつ効果的に 活用し、問題を発見・解決し、自分の考えを 形成していく力 ①必要な情報を収集、整理、分析、表現する力 ②新たな意味や価値を創造する力 ③受け手の状況を踏まえて発信する力 ④自らの情報活用を評価・改善する力　等
C. 学びに 向かう力、 人間性等	1 問題解決・探究における 情報活用の態度	①多角的に情報を検討しようとする態度 ②試行錯誤し、計画や改善しようとする態度
	2 情報モラル・情報セキュリティ などについての態度	①責任をもって適切に情報を扱おうとす 　る態度 ②情報社会に参画しようとする態度

■IE-School における実践研究を踏まえた情報活用能力の要素の例示（平成30年度版）

第**2**章

embotとは
何か?

NTTドコモ イノベーション統括部／e-Craft CEO
額田一利

embot とは何か？

額田一利

この本を読んでくださっている方がembotのことを全く知らないことは無いだろうなと思っております。ですが、「embot ＝ ダンボールのクマみたいなロボット」という認識をされている方が多いのではないかな？　とも思っております。実は、embotが指すのはダンボールのロボットだけではなく、アプリケーションも含めてembotなのです。この章ではembotをつくってきた額田の想いを汲んでいただきつつ、何となく知っているembotについて理解を深めていただく章となります。

embotの生い立ち

　はじめに、どのような経緯でembotが生まれたのかをお話しさせていただきたいと思います。NTTドコモに入社して、私はすぐに研究所に配属になりました。業務内容は学会発表、論文、特許になるようなことも多かったため、具体的な業務内容に関しては家族にも理解してもらえませんでした。研究も楽しかったのですが、「人に影響を与えるものづくりがしたい！」という感情がわき、同じようにものづくりが好きな友人の脇阪くん、山﨑くんに声をかけ、業務外の取り組みを始めました。

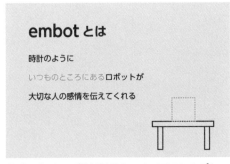

embot とは

時計のように

いつものところにある**ロボットが**

大切な人の感情を伝えてくれる

■プログラミング教材以前のembotのコンセプト。

せっかく業務外で始めたので、ビジネス性は考えず、とにかく多くの人に使ってもらえるものを追求しました。まず、目をつけたのは壁にかかっている時計とカレンダーでした。スマートフォンが当たり前になった時代になっても「なぜ無くならないのか？」と不思議に思い、理由を考えた結果、「身

16

近にある大事な情報はふとしたときに簡単に確認できるのが便利」だからなので
はないかという結論に至りました（当時の仮説）。そして、時計やカレンダーのよ
うな発明をすべく、ふとしたときに確認したい情報を「離れている大切な人の感情」
として、感情お届けロボットをつくったのでした。カンのよい方はお気付きかと思
いますが、感情お届けロボット → emotion robot → embotというのがembotの
語源となっております。

プログラミング教材への進化

　当時のembotはプログラミング教材ではなかったため、ダンボール製ではない
パターンもありました。3Dプリンタで出力したものや、透明なアクリル板で組み
立てたものもありました。いろいろな素材のembotをイベントで展示すると、評
判が良いのはダントツでダンボールembotでした。今でも「孫がつくったembot
が孫の感情を伝えてくれたら買っちゃうよなー」と言われたのを鮮明に覚えており
ます。多くの方々からコメントをもらうにつれ、「embotはユーザー自身がつくった
方が愛着がわく」という仮説が生まれました。また、スーパープログラマーの脇
阪くん、山﨑くんは「プログラミング教育は絶対に重要だ！」と言っていました（2014
年頃に取り組み始めた内容だったので、小学校でのプログラミング教育必修化の
話は知りませんでした）。よって、自然と「embotづくりを通じてプログラミングを
学ぶ」という方針になり、embotはプログラミング教育の方面に進化していくこと
になっていったのです。

■3Dプリンタでつくったembot とアクリル板でつくったembot。

ロボットもアプリも今とは異なった embot プロトタイプ

　プログラミングを学べるようにしよう！　と方針が固まったのですが、今の形になるまでは「つくる」と「フィードバック」の繰り返しでした。ハードウェア（ロボット）は最初は基板剥き出しで、組み立ては自分たちで配線をするような電子工作感満載の内容でしたし、ダンボール板も今のように組み立てやすいような目印はついていませんでした。ソフトウェア（アプリケーション）も絵合わせでプログラミングするシンプルなものから、Python（プログラミング言語）でコーディングするような難易度の高いものまで様々でした。

　こんなに発散と収束を繰り返すことができたのは、フィードバックの機会をたくさんつくったからでした。業務後や休日でやっているとどうしてもダラダラしてしまうので、コンテスト参加やワークショップ実施を目指してものづくりをしておりました。結果として、コンテストで受賞したり、ワークショップ参加者の声で良いコメントをもらったりすることができたので、次のステップに進むことができたのだと思います。

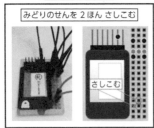

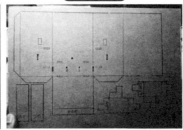

■プログラミング教材になりたてのembotハードウェア。

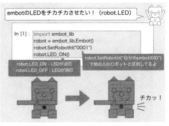

■絵合わせやPythonコーディング時代のembot。

また、そのような結果は別の副産物も生みました。そうです！　企業の皆様からお声掛けいただくようになりました。そのお声掛けいただいた企業の中に、NTTドコモも含まれていたのでした。元々embotというのは業務で物足りなくて始めたり、ビジネス性度外視で取り組んでいたりしていた内容だったので、業務（つまりビジネス）にするのには若干抵抗がありました。ですが、お小遣いと年休での活動でより多くの皆さんに使ってもらうというのにも限界は感じていました。チームで話し合った結果、embotは新規事業として進めていく判断をしました。私は研究所から新規事業立ち上げの部署に異動になり、embotの事業リーダーになったのでした。

　embotの歴史についてはこの辺にして、次はembotのこだわりポイントについてハードウェアとソフトウェアに分けてそれぞれ説明させていただきます。

embotのこだわり（ハードウェア編）

　embotはプログラミングという側面だけでなく、ものづくりという側面も学んで欲しいという想いで生まれているので、ハードウェアもこだわっております。embotのハードウェアは大きく「ダンボール外装」部分と「電子機器（embotコア）」部分の2つに分けられます。まずはダンボール外装からご説明いたします！　皆さんembotと言えばあの動物のようなキャラクターかと思うのですが、あのキャラクターのこだわりポイントは何と「顔」なのです。プログラミング教育の課題の1つは「興味を持ちにくい」という点で、それをかわいいキャラクターで突破したいと考えていました。あのキャラクターがいることによって、ハードウェアプログラミングには珍しく、女の子も興味を持ってくれるようになりました（embotマニアの方は古い記事などぜひチェックして欲しいのですが、すこーしずつ顔のパーツの大きさが変わっていたり、手の長さが短くなっていたりします）。また、かわいいキャラクターのおかげで、「embotの授業で出てくる子どもたちのアイデアは他のハードウェア教材とは違う」と先生からコメントをいただいたことがあります。多くのハードウェア教材の場合は「危険を伝える」や「物を運ぶ」などのアイデアになりがちらしいのですが、embotはそのようなアイデアに加えて、「応援して元気づけてくれる」や「手を振って見送ってくれる」などのメカっぽくないアイデアも出てくるとのことです。キャラクターにこだわってきてよかったなと感じた瞬間でした。これからも子どもたちのアイデアが広げら

れるようなダンボール外装をどんどん企画開発したいと思っています！

　次にembotコアについてお話しさせてください。embotコアのこだわりポイントは「基板をケースに入れる（ケーシング）」です。提供者目線で話すと、これが結構大変なのです。というのも、ケーシングをするというのは結構お金がかかるのです。ケースを作る樹脂、塗料などの材料調達もありますし、量産するための金型製造もあります。ですが、embotのねらっているポジションであるedutainment（education & entertainment）を実現するためにケーシングは妥協できませんでした。基板が剥き出しなだけで、取り掛かりにくい指数がぐぐっと上がり、おもちゃのような親近感が無くなってしまうのです。このこだわりは子どもたちだけでなく、教える先生たちからも好評でした。先生たちの着眼点は少し違う角度で、「細かい部品が剥き出しになっていないから安全だし、子どもたちが壊しにくい」という点でした。努力の甲斐あってembotはST（Safty Toy）マークを取得することができました。

embotのこだわり（ソフトウェア編）

　embotのソフトウェアはプログラミングをするアプリケーションです。embotアプリはタブレット、PC、スマホにインストールできるアプリケーションで、Bluetoothでロボットと接続するので、インターネット環境が無くてもembotを動かすことができるのが特長です。確かにネット環境が無くてもロボットを動かせるというのもこだわりと言えばこだわりなのですが、アプリケーションのこだわりポイントはそこではなく、「自分以外の人がつくったプログラムをいかに理解しやすくするか」です。この考えに至ったのは、とある子ども向けプログラミングイベントで、子どもがプログラムを発表しているときに、発表を聞いている子どもたちが皆、下を向いて作業してしまっていたのを見たときでした。その状況は先生や子どもが理由なのではなく、発表しているプログラミングのアウトプットを見ても、プログラミングの内容が頭に入ってこないことが理由なのではないかと感じました。そんなイベントを体験した後のミーティングで、「開発物をフローチャートなどで可視化して表現すると、見ている人も頭に入ってきやすくなる」という話が出てきたのです。そうなると、自然とフローチャートでプログラミングをする方法を具体化していくことになりました。フローチャートはあくまでプログラミングの大まかな流

全体画面（フローチャート）

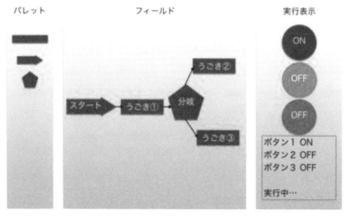

詳細画面（動き①）

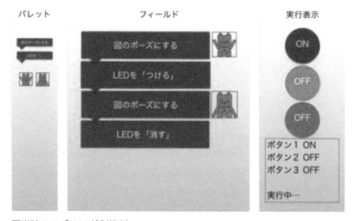

■当時のアプリUI検討資料。

れを理解するために使っているとのことだったので、フローチャート画面に情報を増やしていくのはセンスが無いと感じました。ですので、具体的なプログラミング（逐次処理）はフローチャートの下に階層をつくることにしました。

　早速アプリをつくって使ってもらうと、

①階層に分かれている構造を理解するのに時間がかかること
②ロボットの動きとプログラミングの繋がりが弱い

ということが見えてきました。

①の解決は「チュートリアルをつくる」や、「説明動画をつくる」という解決策もあったのですが、根本的な解決にはなっていない感じがしました。いかにプログラミング画面の情報を減らして、プログラミングの内容を理解しやすくするかがこだわりだったのに…。とは言え、機能を減らしていくとつくりたいものがつくれなくなってしまう…。この欲張りな悩みを解決したのが「レベル分け」の設定でした。「構造を理解したい」というのと「複雑な機能を使いたい」というのは、同じアプリとは言え違うタイミングで生まれる内容だなと思い、機能MAXがレベル5、フローチャート画面すらないものをレベル1として、レベル5から情報を引き算していきながらレベルを下げていきました。これにより、embotを使い始めたばかりの構造を理解したい時期にはレベル1、embotに慣れてきて複雑な機能を使いたい時期にはレベル5という欲張りな内容を両立できるアプリになりました。

②の解決は比較的シンプルで、実行しているプログラムの場所を点滅させて「見える化」をし、実行済みのプログラムをグレーアウトさせるという方法でした。この方法は先生方の意見を参考にスムーズに出てきたものの、開発側からすると「言うは易く行うは難し」な内容でした…。その話はまた機会があればご紹介させていただきます（笑）。

embotで学んで欲しいこと

「embot」についてしっかりと語らせていただきました。中には「ちょっと長いな」と思われた方もいらっしゃるかと思います。なぜこんなにしっかりとembotの歴史

■休日の旅館でのembot開発合宿の様子。

について語ったかと言うと、「子どもたちにembotで学んで欲しいこと」＝「私がembotづくりで経験したこと」だからなのです。私は脇阪くん、山﨑くんからプログラミングスキルを習得したいと活動をしていたのではなく、たくさんの人に使ってもらえるものづくりがしたいという気持ちで活動をス

タートさせ、embotをつくり上げる過程でプログラミングを学んでいきました。多くの活躍するプログラマーの方々からお話を聞きましたが、「プログラミングを学ぶため」にプログラミングを始めた方は少なく、「つくりたいものにプログラミングが必要だった」という方がほとんどでした。そして何より、その「つくりたいものをつくる」という経験はすごく楽しかったのです！

「プログラミング」というカタカナ7文字のイメージを変える

「プログラミング」と聞いて想像する皆様のイメージは、どのようなものでしょうか？　この本を手にとってくださった方はあまりこういうイメージをされないかもしれませんが、「黒い画面に白いアルファベットをたくさんタイピングする」「眼鏡をかけたsmartな人がパソコンでカタカタする」などの取り掛かりにくいイメージが強い方も少なくありません。私も少し前に「すごく楽しかったのです！」とか書いてますが、初めてプログラミングに触れた時は全然楽しくなかったのです…。

まず最初に取り掛からなければならなかったのはPCの購入でした。私は当時まともなPCを持っていなかったので、周囲に薦められるがまま妙に高いPCを購入しました。そして、英語だらけのサイトに行ってはダウンロードとインストールの繰り返し（良い子の皆はキチンと調べてからにしようね！）。最低限の環境構築ができて、最初にできたことは「Hello World」と画面に表示されることでした。その後、ホームページをつくったり、Web上で日本地図にグラフを描画したりしたのですが、あんまりハマりはしませんでした。時が経ち、私はついにハードウェアプログラミングの世界に足を踏み入れることになりました。脇阪くんに連れられて行った秋葉原の名店はどれもこれもただならぬ雰囲気を醸し出しており、一見さんお断り感がすごかったことを今でも覚えております。こちらもこれまた英語だらけのサイトで環境構築を行い（真似しないでね！）、Lチカ（LEDを点滅させる行為）なるものを体験したのです。確かに「Hello World」に比べれば少し興奮しましたが、「こ、これだけかよ!?」とも思いました。後者のハードウェアプログラミングはembot開発の第一歩だったため、「モーターは手に使おう！」とか「カラータイマーをつけよう！」とか、その後楽しくなっていくのですが、それでも脇阪くん、山﨑くんと一緒にものづくりをしていなければ続けていたかどうか…。

私にとってのプログラミング初体験は元々持っていた「プログラミング」のイメー

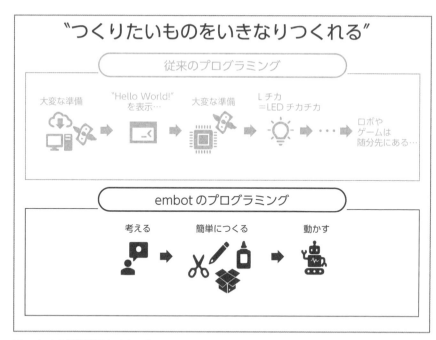

■embotの提供価値のイメージ。

ジそのもので、ハードルが高い割にゴールが遠いという、かなりニッチな領域でした。「このハードルを下げ、ゴールを近づけることをembotで実現しよう！」という想いを胸に、開発に取り組んできました。そのときの頭の中のイメージが上図になります。

　自身の経験を振り返ってみて、プログラミングには多くのステップが存在することが課題だと思いました。せっかく「プログラミングで〇〇つくりたいなー！」と思ったとしても、〇〇にたどり着くまでが至難の業なのです。確かに多くのステップを学ぶことに意味があるとは思うのですが、プログラミング歴を重ねて学んでいけばよいとも思うのです。算数（数学）の世界もよく分からないまま「１＋１＝２」を学んだ後に、大学で「なぜ１＋１＝２なのか？」とかやりますよね（例がイマイチですかね？）。embotを通じて「プログラミングを理解する」というよりも「プログラミングを扱う」体験をして欲しいと思っております。「順列処理」「反復処理」「分岐処理」を理解することをゴールにするのではなく、その３つをどのように使うべきかを学んで欲しいと思っております。少なくとも私はそういうプログラミングとの付き合い方をした方が楽しかったですよ！

チームでつくるを体験する

　これまでお話しさせていただいてきた「プログラミングを通じた体験」は1人で体験する必要は無いと考えております。むしろ、複数人のチームで体験することによるメリットも多いと思うほどです。プログラミングのアプローチは様々あります。1人で考えた後にチームになってブラッシュアップするのもよいですし、考えるところからチームで進めていくのでもよいと思います。私もこれまでずっとチームでものづくりをしてきましたが、勉強の連続でした。人によって得意な分野のアイデアがあったり、立場やこれまでの環境による視点の違いがあったりと、同じものをつくろうとしているのに、人によってこんなに違う考えがあるのかと驚きの毎日です（現在も勉強の連続です）。

　チームビルディングって大人が思っている以上に子どもたちは得意なのではないかと感じるワークショップの過去事例を紹介したいと思います。大人向けにチームでのembot体験ワークショップを実施すると、比較的順番をつくって体験されます。「お先に体験させていただきます」「使い終わりましたのでどうぞ」といった具合です。一方、子ども向けに実施すると、「俺はダンボール外装つくるから、プログラミングしておいて！」とか、「こういう内容の動きにしたいんだけど、どうプログラミングしたらよいかな？」というような会話が飛び交います。確かに網羅的にembotの内容を体験するのには大人チームの体験は間違ってないかもしれませんが、高効率なのは子どもチームです。実際に社会に出てものづくりをするときは「プランナー」「エンジニア」「デザイナー」などと分業することが多いです。全員が同じことをinputするステップは必要かと思いますが、outputするときにチームビルディングを導入してみると、子どもたちの意外な個性が発揮されるかもしれません。

　本章では民間企業の社員がembotを用いたプログラミング教育の理想を語ってみました。教員免許を取得した人が語っているとは思えない、授業実施環境に気を遣わない内容を好き放題語ったと自覚しております。ですが、第3章の具体的な授業実践を読まれる際に、この章の内容が頭の片隅にある状態で読んでいただけると開発者冥利につきます。プログラミングを使ったものづくりが当たり前になる未来を生き抜く子どもたちのための授業を一緒につくっていきましょう！

堀田龍也 ほりたたつや

PROFILE
● 東北大学大学院情報科学研究科教授

プログラミング教育、いつやるの？
今でしょ。

「小学生にプログラミング？　ちょっと早すぎるんじゃないの?」

そういう声が時々聞かれます。

小学生にまでプログラミング教育が導入される意図は何でしょうか。

私たちの身の回りには、生活を支えてくれる便利な仕組みがたくさんあります。

例えば自動ドアは、人が来たことを検知して開きます。どうやって検知するかというと、そこにセンサーがあるからです。ここまでは子どもたちも経験から分かります。

「それで、自動ドアはいつ閉まるの?」

子どもたちは考えます。人が通過して数秒したら閉まる。これはセンサーによるものなのか、それともタイマーのようなものなのか。いずれにしても、何らかのプログラムが動いているのではないかという話し合いになります。

プログラムは目に見えないけれども、そこに確かに存在し、そして私たちの生活を便利にしています。身近な自動ドア、夜になったら自動点灯する電灯、エアコン、

自動販売機、お掃除ロボットなど、私たちの身の回りにある様々なものが「どのように」動いているのかを考えさせることで、子どもたちにプログラムの存在を自覚させることができるのです。そして、それらのプログラムをどのように改善していけば、私たちの生活や社会がもっと便利になるかを考えることにつながります。これがプログラミング教育の目標とするところです。

発想が自由で、活動的な小学生のうちにこそ、ぜひプログラミングの体験をさせたいわけですが、小学生はまだ抽象的な思考が難しい年齢です。プログラムの多くは、ブロックをつくり、それを組み合わせるように制作されていきます。でも小学生には、あるブロックの中身をつくっているということと、ブロック同士の組み合わせを工夫しているということの区別が難しいのです。

この区別を小学生でも自然と理解できるように工夫されたビジュアルなインターフェイスを、embotは兼ね備えています。ダンボールの猫（?）が注目されがちですが、embotの本質は思考を支援するこのインターフェイスにあるのです。

「小学生からプログラミングやっておかないと、ちょっと遅すぎるんじゃないの?」

こういう声に変わることを願っています。

第**3**章

学習指導案

実践編

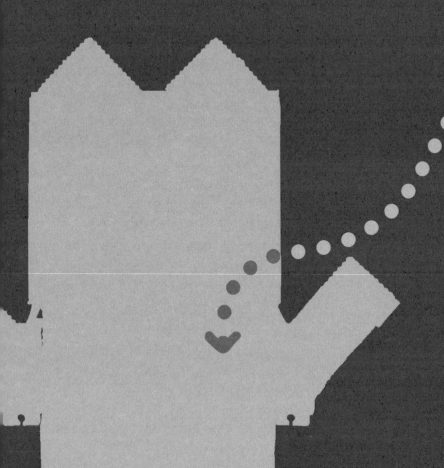

プログラミングで物語に合わせて絵を動かしてみよう

単元名 うごくお話「自動ペープサート（紙人形劇）」

元宮城教育大学附属小学校　大久保達郎 先生

本単元で身に付けさせたい力

- **手順をコンピュータ上で図示する力**（embotの指示ブロックをつないで動かす）
- **指示の順序を考えたり、修正をしたりする力**（シーケンスとデバッグ）

情報モラル▶▶▶作品の取り扱い
（友だちのつくったものや考えたものを勝手に変更しない）

本単元は、embotを用いて、画用紙に描いた絵を自動のペープサートのように動かす活動に取り組ませる。embotは、指示ブロックを繋げることでサーボモーターを動かしたり、LEDライトを光らせたりすることができる。そこで、サーボモーターの動きを利用し、絵をembotに貼り付けて、動かしていく。絵の動かし方を考えて指示を出しながら、自分の思うような絵の動き（お話）になるように取り組ませる中で、指示をする順序を考えたり、順序を修正したりする力を高めたりさせていく。

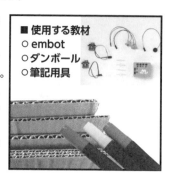

■ 使用する教材
- embot
- ダンボール
- 筆記用具

本単元に関わる主な既習事項

- **タブレットPCの準備や起動をすることができる。**
- **スライドやタップなどの基本的な操作をすることができる。**

単元の構成

1時　絵を動かす仕組みを知り、embotを操作しながら基本的なプログラムの組み方を学ぶ。

2時　3つの場面をもとにしながら簡単なお話をつくる。

3時　つくったお話をもとに、場面にあった登場人物（ペープサート）の動きをプログラミングしたり、動きをもとに続きのお話を考えたりする。

本時のねらい

- 指示の順序を考えたり、順序を修正したりすることができる。
  また、順序を変えるとembotの動きが変わることに気付いている。
- 場面絵やプログラミングしたペープサートの動きをもとにお話をつくることができる。

●**試作を提示**　4つのembotの動きをもとにした試作を提示し、お話に合った動きを考えさせながら、ゴールイメージを持たせる。❶

ここが
ポイント　**❶プログラミング的思考**　安藤

プログラムは目的をもって行うものなので、「自分が何を意図してつくるのか」を最初にはっきりさせることが大切です。

●**操作方法の説明**　一斉に動かし方の説明を聞かせ❷動く仕組みを知り、タブレットPCとembotを無線で繋ぐ。指示ブロックを組み合わせてロボットの動きを確かめさせる。

ここが
ポイント　**❷指導のノウハウ**　安藤

試行錯誤が必要なことは多いですが、どこで悩ませる必要があるのかをよく吟味しましょう。
単なる操作方法であれば、短時間で教えてしまった方が主となる活動に時間を充てられます。

■題材のねらい

活動の見通しを持つ

●**場面絵をもとに動きを考える。**
●**話の順序を捉える。**

3枚の場面絵を提示し、話に順序があることを確認する。各場面の動きや変化を基に、どのような指示をどのような順序で出せばよいかを話し合う。そうすることで「動き→点灯（LEDライト）→動き」など順序があることを意識して活動に取り組めるようにしていく。

29

活動〈1〉

プログラミングで
ペープサートを動かす。

タブレットPCとembotを無線で繋ぎ❸活動を始めさせる。手が止まっている児童には❹❺机間指導をしながらブロックの繋げ方を声掛けしたり、友だち同士で教え合ったりしながら活動できるようにする。

 全体指導

「順序」を観点に友だちの
ペープサートの動きを見る。

お話の順序を踏まえて指示をしている子どもを取り上げ、指示と話の順序を関連付けて見せることで、意図的にプログラミングできているかを振り返らせていく。❻

活動〈2〉

プログラミングで
ペープサートを動かす。

自分のペープサートの動きが考えていた話に合う順序になっているかを観点に見直させる。❼また、進度が速い児童には最後の場面の続きのお話を考えさせて、つくったプログラムに付け加えさせていく。

プログラムを全体で振り返っている様子。場面絵に加えて動きを付けることで、より多様なお話を考えることができた。

ここがポイント ❸ロボット接続 額田

複数のembotを同時起動しているとIDが複数表示されてしまいます。どのIDがどのembotか分からないときは、ID一覧画面で右側にある豆電球ボタンでどのembotのIDか区別することができます。

ここがポイント ❹プログラミング的思考 安藤

児童がこれをやりたい！というときには、児童の言葉で抽象度が高い状態で表現されることが多いです。「そのためにはどんなことが必要になるかな？ 細かく分けて考えてみよう」のように、小さな処理に分解して考えるように声掛けします。

ここがポイント ❺プログラミング的思考 安藤

手順を分けても、人の考え方とコンピュータの処理とは全て同じではありません。毎回同じことを書く必要もあります（例えばロボットを接続するとか）。自分の理屈から抜けにくい児童には「順番を考えるときはコンピュータが全く何も知らないものと思って伝えるように考えてごらん」のように順番を考えるように働きかけます。

ここがポイント ❻プログラミング的思考 安藤

「プログラムを組んだだけでは動かなかったね」…コンピュータは何らかのきっかけが無いと動けないということを意識化させる。「一度動いちゃうと、止まれーって言っても止まらなかったね」…プログラムされていないことはできないということを意識化させる。

ここがポイント ❼サーボモーター調整 額田

思ったように動かないときはサーボホーンの取り付け位置に注意。角度が0度のときにどのような向きでサーボホーンを付けるかによって可動範囲が変わります。ちなみに、可動域は0-180度です。

身近な生活場面とプログラミングを関連させて学習を振り返る。

ペアやグループで動きを見合わせることで、お話と指示の順序を関連付けて動かしたり光らせたりできたことを振り返らせ、活動に満足感を持たせるようにする。また「動かす」だけでなく、「光らせる」こともプログラミングでできたことを振り返らせることで、テレビや信号機などに生かされていることにも気付かせるようにする。❽

※指示の順序を考えたり、順序を修正したりすることができたか。（観察・プログラム）

ここがポイント ❽ **プログラムやコンピュータの理解** 安藤

プログラミング体験としては単純でも、先生がこのように体験したことを整理することで、プログラムの良さや働きについて意識化させて、学びにすることができます。

本授業で使用したもの
●ダンボールを「く」の字にしたものにサーボモーター用の穴をあけて、そこにサーボモーターとembotを取り付けたもの。
●1人1台iPad
●国語の授業で制作したお話シート
●ウサギとトリのイラストシート
●サーボホーンにイラストを取り付けるための粘着テープ

2時の授業で制作したお話シート。

ダンボールを加工し、ペープサートを取り付けたembot。

児童が作成したプログラム。

プログラムで素材の味や造形を生かす

単元名 棒人間のダンスパーティー

弘前大学教育学部附属小学校　八嶋孝幸 先生

■本単元で身に付けさせたい力

（1）自分の感覚や行為を通して、形や色、動きなどの面白さや楽しさについて理解する。手や体全体の感覚などをはたらかせ、材料や用具を使い、表し方を工夫して、創造的につくったり表したりする。

（2）プログラミングの機能や、材料や用具の特徴から造形的な面白さや楽しさ、表したいことなどについて考え、楽しく発想や構想をしたり、自分たちの作品から自分の見方や感じ方を広げたりする。

（3）プログラミングの機能を生かして棒人間のダンスを表すことに取り組み、つくり出す喜びを味わい、楽しく表現する学習活動に取り組もうとする。

■単元の構成

1時 棒人間のつくり方やembotの使い方について知り、いろいろ試しながら慣れ親しむことができる。

2時 embotの仕組みを生かして、工夫しながら楽しく面白い棒人間のダンスをつくることができる。

■題材のねらい

本題材は、学習指導要領のA表現（1）ア「造形遊びをする活動を通して、身近な自然物や人工の材料の形や色などをもとに造形的な活動を思い付くことや、感覚や気持ちを生かしながらどのように活動するかについて考えること。」及びA表現（2）ア「造形遊びをする活動を通して、身近で扱いやすい材料や用具に十分に慣れるとともに、並べたり、つないだり、積んだりするなど手や体全体の感覚などを働かせ、活動を工夫してつくること。」を受けて設定したものである。児童は線材（WikkiStix、カラーモール）でつくった棒人間をサーボモーターに連結し、タブレット端末でプログラミングをして動かす。イメージしたダンスに近づけるためにプログラムを見直したり、棒人間の形や色などを工夫したりしながらつくり、つくりかえ、つくるという学習プロセスをたどる。プログラミングの工夫をすることと表現の工夫をすることを往還しながら、自分の見方や感じ方を広げられるようにしたい。

■学習過程　「●」は「学習活動」、「○」は「指導上の留意点」

材料をあえて絞ることで、ポーズや動きの面白さに気付ける。

活動〈1〉 棒人間のつくり方について知り、いろいろ試しながら慣れ親しむ。

- ●線材を使用して棒人間をつくり、いろいろな動きを試すようにする。

活動〈2〉 embotの使い方について知る。

- ● embot とタブレット端末の接続。
- ●サーボモーターの動かし方の確認。
- ●〇秒待つの効果の確認。
- ●1グループ4人で活動する。
- ●プロジェクターでミラーリングした画面を投影しながら、アプリケーションの使い方を確認する。
- ●友だち同士でアイデアを出し合い、協力しながらつくることを伝える。

活動〈3〉 学習課題をつかむ。

- ● embot の仕組みを生かして、楽しく面白い棒人間のダンスをつくろう。
- ●サーボモーターと棒人間の組み合わせ方の例を提示する。

活動〈4〉 プログラミングをしながらダンスをつくる。

- ●足が大きく動くようにしたいな。
- ● 2つのモーターに1人ずつをくっつけて、2人でダンスをしているようにしたら楽しそう。
- ●サーボモーターへの取り付け方をいろいろ試してみよう。
- ○20秒程度のダンスをつくるように伝える。
- ○何度も試しながら形や色、動きを工夫するように促す。

ここがポイント ❶指導のノウハウ　安藤

活動〈2〉の部分は、図工の目標ではないのですが、学習の基盤としての情報活用能力という視点で見れば、どこかの段階で指導しておくとよいでしょう。図工であっても一度この5分間の内容を子どもたちが理解しておけば、今後のいろいろな学習活動でも活用できるようになります。

ここがポイント ❷サーボモーターの動き　額田

今回LEDライトもブザーも使わずサーボモーターだけを使う内容ですので、サーボモーターの使い方に絞って教えると時間を削減できます。サーボモーターの注意点は「可動域」と「基準合わせ」です。サーボモーターの可動域は0-180度ですので、子どもたちに事前に伝えましょう。また、「サーボモーターの角度が0度の時に棒人間が基準の姿勢なる」などの基準を定めておくと、理想の動きになるように角度を考えるようになるため、学びが深くなります。

ここがポイント ❸プログラムの良さや働き　安藤

プログラミングができるようになってくると、結果を予測してコンピュータに対する指示を組み合わせることができます。しかし初心者のうちは、その命令（ブロック）がどのような結果をもたらすのかは、子どもたちの予想に反することが多いものです。そのギャップに気付くことがコンピュータのことを理解するきっかけになります。その結果、自分の意図するダンス（活動）にするために、結果を見ながら何度も試すということが必要になってきます。

ここがポイント ❹プログラミングは試行錯誤しやすい　額田

プログラミングの特徴の一つが試行錯誤のしやすさです。中には理想を追い求めて、サーボモーターの角度の計算ばかりしている子どももいるかもしれませんが、考えすぎずにプログラムを実行するよう促してください。プログラミングは実行すればすぐにリアクションをしてくれます。また、失敗してもやり直しが容易です。

活動
〈5〉 **鑑賞をする。❺**

- ●体の動きが大きくて面白い。
- ●逆立ちして付いているのが面白い。
- ● ２人の組み合わせで楽しい感じになっている。
- ●棒人間の腕や足を曲げてリアルな感じになっていてすごい。
- ●みんなで動かすと楽しいね。

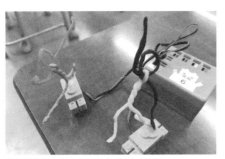

棒人間を２つ組み合わせた動きにも挑戦。

- ○グループごとに鑑賞する。
- ○つくったダンスの良さを具体的に伝え合うようにする。
- ○棒人間のダンスを真似しながら、体全体の感覚を使って鑑賞できるよう促す。

【評価】
　自分の感覚や行為を通し、形や色、動きなどの面白さや楽しさについて理解している。❻

活動
〈6〉 **振り返り。**

- ○題材を通して学んだことを自覚させ、今後に生かせるようにする。

ここが
ポイント **❺指導のノウハウ**　安藤

鑑賞のアイデアとして、プログラミングの結果として表現された動きだけでなく、この動きをどんな手順で実現したのか、プログラムを考えるときにどんな工夫をしたのかという点についても紹介すると、同じような動きに見えてもいろいろな手順があることに気付かせることができます。

お互いにつくったダンスを鑑賞し合うことで、お互いのよさを認め合ったり自分のアイデアを深めたりする様子も。

ここが
ポイント **❻なぜ？から学ぶ**　額田

サーボモーターの向きを変えたり、左右のサーボモーターの位置を入れ替えたりすると偶然面白い動きになることがあります。どういう工夫をすると面白いダンスになるかを考えるだけでなく、なぜ面白くなったのかを考えてもらうことも大切です。いきあたりばったりでプログラミングする部分を無くすことは難しいですが、なるべく「理想」→「結果」の流れができるようにすると、よりプログラミングの理解が深まります。

本授業で使用したもの
- ●embot
- ●カラーモール
- ●タブレット
- ●WikkiStix※

※のりや粘着テープ不要で好きな形がつくれて立体にもできるアメリカの工作道具。Omnicor,incによって製造、販売されている。

日常にあふれている 身近なプログラムを知る

単元名 信号機のプログラムを考えてみよう

大田区立中富小学校　金髙俊哉 先生

■本単元で身に付けさせたい力

意図したことを実現するために、必要なプログラムを筋道を立ててつくり上げる力。

■単元の構成

※1〜11時は実践授業ではありません

●つかむ

1時　・グラフから読み取ったことをもとに、交通事故を防ぐための取り組みについて関心をもつ。
　　　　◇グラフの大まかな特徴を捉えられるよう、グラフの読み方を示す。

●調べる

2時　・学校や家の周りの交通事故を防ぐための施設を調べ、記録する。
　　　　・調べてきた交通安全施設の様子を発表し、気付いたことや考えたことを話し合う。
　　　　◇安全に留意しながら地域を巡る。
　　　　◇タブレットを活用し、写真も撮影させる。
　　　　◇交通安全施設を観点ごとに分類して黒板に示し、設置されている理由やその工夫を考えられるようにする。

3時　・警察官の様々な写真から、警察署の人々の仕事に関心をもち、調べる計画を立てる。
　　　　◇資料を示すことで、児童の身近な社会事象を想起させ、関心をもたせる。

4、5時　・警察署を見学し、警察署の仕事について調べる。
　　　　◇見学が難しい場合は、オンラインでの実施も検討する。
　　　　◇聞きたいことを事前に準備する。

6時　・調べ分かったことを発表し、警察署の人々の仕事をまとめる。
　　　　◇関係諸機関との連携についても目を向け、まとめさせる。

7時　・地域の人々が協力して地域の安全を守っていることを理解する。
　　　　◇児童に身近なものを示して地域との繋がりを実感させる。

●表現する

8〜10時　・交通安全を呼びかけるポスターで表現する。
　　　　◇思った通りにプログラミングできないときは、
　　　　①手引を見る。
　　　　②友だちに聞く。
　　　　③先生に聞く。
　　　　の手順で解決するよう示す。

●まとめる

11時 ・できたポスターを発表し合い、自分が地域の安全な生活のためにできることは無いか
考える。

◇工夫したところを発表させてから、ポスターを見せるようにする。

◇ポスターを見た感想を交流させ、安全な生活を維持する意欲をもたせる。

●発展・本時（実践授業）

12、13時 ・歩行者信号機がどのようなプログラムで動いているかを考え、embotを使い、歩行
者信号機の動きをプログラムする。

◇パワーポイントを使用し、手順などを分かりやすく伝えるようにする。

◇どうすれば点滅するか、自分なりに試行錯誤させる。

■題材のねらい

「プログラム」「プログラミング」とは何かについて理解し、自分の身の回りでプログラムによって動いている物を知る。

歩行者信号機がどのようなプログラムで動いているかを考え、embotを使い、実際に歩行者信号機の動きをプログラムする。

■学習過程

「●」は「学習活動」、「○」は「指導上の留意点」

活動〈1〉 「**プログラム**」とは何かを知る。

● 運動会のプログラムの提示。❶

○ 身近にある「プログラム」から、その意味を結びつけさせる。

ここがポイント ❶プログラミング的思考 ▶ 安藤

embotの特長は、レベル2からの全体の大まかな流れを構成して、各functionを細かく具体的にプログラミングできることにあります。これは運動会の大まかな種目等の流れがあって、各種目ごとに詳細な実施の手順があることに似ています。embotのプログラミングでは、抽象度を高く捉えることと、1つ1つを分解して捉えることの両方を扱うことができるため、プログラミング的思考を意識化させやすいのです。

活動〈2〉 「**プログラミング**」についての知識を学ぶ。

● 正しい順序が大切。

● 原則1つの動きに対して1つの命令。❷

○ 授業補助資料（パワーポイント資料）を活用する。

ここがポイント ❷プログラミング的思考 ▶ 安藤

自分が意図することを明確にさせておくことが大切です。その意図したことにそのまま当てはまる命令があるのか無いのか、もし無い場合は意図する動きをさらに分解して、小さい手順を組み合わせて構成することになります。

36

活動〈3〉 **身の回りでプログラミングに よって動いているものを探す。**

- ●街灯、信号、スマートフォン、自動販売 機など。
- ○町の様子の絵を提示し、その中から見つ けさせる。

> **歩行者用信号機のプログラミング をしてみよう。**

活動〈4〉 **歩行者用の信号機には、どのよ うなプログラムが必要か考える。**

- ・赤の電気を点ける。
- ・赤の電気を消す。
- ・青の電気を点ける。
- ・青の電気を消す。
- ・青の電気を点滅させる。❸
- ・電気が点いている時間を指定する。
- ○実際の歩行者用信号機の様子を映した動 画を見て、どのようなプログラムがされ ているかを考えさせる。

ここが ポイント ❸ プログラミング的思考 安藤

他の実践にもありますが、「点滅」という 処理がembotにはないので「点滅」とは どのような動きなのかを分解して考える必 要があります。プログラミング言語のつく り方次第では、初めから「点滅する」とい う命令を用意することも可能ですが、点滅 することが、点ける・待つ・消す・待つ、と いう繰り返しになっていることに気が付くこ とは、コンピュータの処理が速いことを実 感する良いチャンスです。便利すぎる命令 を用意してあるプログラミング言語は指導 が楽かもしれませんが、学ぶ機会を失って しまうこともあります。

まずは動画で実際の信号機の動きを確認。

活動〈5〉 **歩行者用信号機のプログラムを作成する。**

- ダンボールの信号機を組み立てる。 ❹
- embotの配線の仕方を知る。
- アプリの使用方法を知る。
- ○ 2人1組で作業をさせる。
- ○ 動画を見せて支援をする。❺
- ○ アプリの操作方法は、実物投影機で指導する。
- ○ 実際の信号機の動きの動画を何度か見せて考えさせる。❻
- ○ 支援が必要なグループは、個別に対応する。❼ ❽

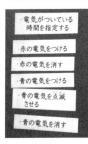

◀ 動きを1つ1つ確認することが、プログラミングではとても重要。

▼ ペアで相談しながら進められるのもプログラミング学習の良さの1つ。

活動〈6〉 **振り返りをする。**

- プログラミングをしての感想をワークシートに記入する。
- 書いたことを発表する。

本授業で使用したもの
- embot信号機セット
- タブレット
- ワークシート
- 投影提示資料

ここがポイント ❹ **embot信号機 Ver.** 額田

モーターの無いとてもシンプルなembot信号機セットもご用意しております。

https://www.embot.jp/education/product/

ここがポイント ❺ **指導上のノウハウ** 安藤

操作方法などの説明は、先生が実際に行っている様子を見せる以外に、予めその様子を動画にしておき、それを児童個々に自分の端末で見せることがかなり有効です。スクリーンで見せても、案外見えにくかったり見落としたりすることがあります。動画を個別に見せることで、もう一度見ることや一時停止して作業するなど、児童のペースで理解することができます。

ここがポイント ❻ **信号機の動きの必要性** 額田

信号機の青がなぜ点滅するのかを考えるときに、わざと点滅しない信号機で道を渡る実験をすると点滅の必要性を実感できます。応用編の音が鳴る信号機は目をつぶって同様の実験をすると実感できますので、時間がある場合は試してみてください。

ここがポイント ❼ **指導上のノウハウ** 安藤

動画で理解できる児童はそのままプログラミングさせ、動画で理解が難しい児童には、教師が個別に対応してどこで躓いているのかを確認しながら進めることで、効率よく全体の学習を進められます。

ここがポイント ❽ **プログラミングと生活の結びつき** 額田

"プログラミング"は身近な利用シーンを知ると理解しやすいです。下記リンクの動画でembotについても説明しておりますので、ご活用ください。

https://www.youtube.com/watch?v=L7MAbLjBCJw&t=268s

求められた "働き" を ロボットにプログラムする

単元名 大好き。わたしたちの大田原市

大田原市立大田原小学校　黒田 充 先生

■本単元で身に付けさせたい力

ロボットが、実社会でどのように活用されているか調査することで、生活とプログラミングの関係について知り、将来の自分や社会での生き方と繋げて考えることができる。

■単元の構成

1時　ロボットが活躍する場面を知る。身近なロボットを見つけ、どのようなはたらきをしているか知る。

「総合的な学習の時間」で、地域学習を行い地域の良さを発見した。そこから、より良く、住みやすい町づくり（大田原市）にするためには、どのようにテクノロジー（ロボット）を生活に取り入れていけばよいかを考える。

2時　自分（グループ）の知りたいロボットを決定し、それについて調べる。

身近にあるテクノロジーを見直す。

3時　ジグソー法により、他へ発表する。地域に必要なロボットを考える。

そのロボットがあることでどのように変容するか、より良くなるのかを明らかにする。

4,5時　ロボットの構想、製作

自分たちが考えたロボットの作成を行う。

ロボットの機能だけでなく、フォルムについても考え、自由に工作する。

6時　プログラミング

工作したembotの画像を取り込み、scratchで自分たちの考える動作や機能を表現する。embotで可能な動きを知り、自分たちの考えたロボットの機能の一部をプログラミングする。 ❶

7時　まとめ

自分たちが考え出したロボットの存在が、
自身の生活や地域をより良くするものになったかを振り返る。

※発表プレゼンの内容の確認

ここがポイント ❶ embotの機能　黒田

embotでできることは限られていますが、その範囲内のアイデアにならないようにしましょう。限られた機能の中で工夫してもらえるように、無闇に機能を増やさず、創造性が膨らむ機能だけを追加するように開発しています。

39

8時　発表・振り返り

開発者の額田さんにプレゼンする。自分たちの考え出した、地域をより良くするためのロボットの説明と、実現可能にするために必要な技術を提案する。②

ここが
ポイント ②プログラミングと暮らしの関係 額田

額田にプレゼンをすることが難しい場合は、振り返りとして実際にどのようにプログラミングと暮らしが関わっているかを紹介するのもよいかと思います。下記リンクの動画を使って紹介が可能ですのでご活用ください。
https://www.youtube.com/watch?v=nAb5gGMz-2o

■題材のねらい

自分たちが考えたロボットの特長と、実現可能にする技術を周りの人に説明することができる。

■学習過程

「●」は「学習活動」、「○」は「指導上の留意点」

活動〈1〉 これまでの活動を想起する。

- 身の回りや地域をより良くするロボットを考えてきた。
- embotで実現できるよう工作したりプログラミングしたりした。
- embotを開発した額田さんを実際に紹介し、意欲を高める。❸

ここが
ポイント ❸情報社会に参画する態度 安藤

アプリも同様ですが、コンピュータであってもつくり手として、コンピュータの先には人間がいるということを意識させることが大切です。そこにはつくり手の想いや叶えたい願いがあります。

活動〈2〉 課題をつかむ。

自分たちが考えたロボットを紹介しよう。

- グループごとに場所とembotやタブレットを準備する。
- 前半担当と後半担当に分かれて分担を確認する。
- 事前にembotとタブレットの接続を確認する。❹
- 掲示資料はパネルに貼っておき、移動だけで済むようにする。

より良い町に！ どんなロボットが必要？

ここが
ポイント ❹ロボットIDのメモ 額田

事前に接続確認をする時間が取れる場合は、ロボットIDの下4桁などを付箋に書いてロボットに貼っておくと授業がスムーズに進みます。

40

活動〈3〉 **以下のポイントを落とさずに発表する。**

- どんな機能があるか。**❺**
- 実現すると身の回りや地域がどのように良くなるか。
- 実際の動きを見せる。
- プログラムを紹介する。**❻**
- 実現できていないことを実現するためにはどんな技術が必要か。**❼**
- ○参観する際には、空いているところを選ぶ、進んで質問する、良いところを見つけるといったことを心がけるよう指示する。

ここがポイント ❼中学校への接続 安藤

中学校の技術科では、問題に気付きそこから課題を設定して、プログラミングで問題を解決するということが学習過程として規定されています。その学習過程の最後は、問題解決の過程を振り返ることが求められるのですが、このプログラム（システム）をさらに望ましいものにするためには、どのような技術があるとよいか、このプログラム（システム）が普及した場合、どのような問題が生じる可能性があるのか、それを防ぐためにはどうしたらよいか等を考えさせます。小学校段階で、つくって終わりにせず、こうした展望について考えることはとても意味があります。

活動〈4〉 **後半担当と交代する。**

（前半と同様に実施する）

活動〈5〉 **振り返り。**

- 各グループで考えたロボットの良いところを発表する。
- プログラムで工夫していたところを発表する。

ここがポイント ❺プログラムの良さや働き 安藤

プログラムは人間が〜したい！ という欲求がなければ作成する動機が生まれません。したいことに対して、どのような機能で実現できるのかを考えることが重要です。ここで機能を紹介するときには、何をしたくてその機能を考案したのかという論理性も大切にしたいところです。

ここがポイント ❻実行中のアプリ表示 頴田

プログラム実行中はロボットの動きと連動して実行中のブロックが点滅します。発表の際は可能であれば実行中のアプリ画面も表示すると、プログラムの理解が深まります。

▲子どもたちの思いが形になりました。

◀最後は今回のテーマ「ロボットを使った株式会社を立ち上げる」のプレゼンテーションです。

本授業で使用したもの
- embot
- タブレットPC
- scratch 作品（自グループで作成）
- プレゼンテーション資料（PCで発表用、プリントアウトして掲示用）

プログラミングを確認しながら動画を撮影しよう

単元名 海の生き物を守ろう

つくば市立学園の森義務教育学校 ひばり学級　山口禎恵 先生

■本単元で身に付けさせたい力

今回使用したembotは、ダンボール素材で容易に作成できるので、本学級の児童の特徴でもあるこだわりを細部まで表現できる適切な教材である。特にこだわりをもって、自身の世界観を表現したがる児童の多い中で、触れた感じなど五感に訴える刺激もあり、活動の動機づけに適している。児童は、グループ活動でembot を作成し動かす共同作業を通して、自立活動の「人間関係の育成」や「コミュニケーション」を高めることができる。また、動画撮影から視聴の過程で「心理的な安定」を試す場面が多々想定できる。プログラミングにおいては「アニメーション」の機能ブロックを活用することで、児童が意図したプログラムを再現できるし、意図した再現でなければ、容易に修正が可能なので「環境の把握」のトレーニングにもなりうる。また、これらの細かな作業は目と手の協応を活動のねらいとして据えることもできるので、自立活動に適した教材と考えた。

■単元の構成

1時
- ・本日の流れをホワイトボードに記入（もしくは掲示）し説明する。
- ・ウォーミングアップとして、5分程度でできるミニゲームに取り組む。
- ・自分が守りたい海の生き物について、どんな生き物がいるか付箋に書いていく。

2時
- ・教師以外の人が来て、説明してくれることについて事前に確認する。
- ・外部講師（市の出前講座：環境衛生課の方）にプラスチックごみの分別について説明してもらう。
- ・事前に準備しておいたごみを、グループに分かれて「プラスチックごみ」と「プラスチックごみではないもの（燃やせるごみ）」に分ける。

3時
- ・Viscuitを使って、海のプラスチック汚染から守りたい生き物を描いて動かしていく。
- ・事前にViscuitに全員分サインインしておく。

4時
- ・embotを自由に組み立て、装飾をつける。

5時
- ・embotの操作について、PowerPointでつくったスライドを使って説明していく。
- ※前時（単元4時間目）で簡単な操作までやっておくと、この時間の活動がスムーズ。

6時（本時）
- ・完成イメージ動画を見せる。
- ・前回組んだプログラムを確認しながら、同じようにプログラムを組んでいく。
- ・各自1分以内の動画を撮影する。

■題材のねらい

embotに自分の思うような動きを付け、プラスチックごみ分別の動画を作成する。

■学習過程

「●」は「学習活動」、「○」は「指導上の留意点」

活動
〈1〉 **あいさつ&本日の流れ説明**

● 見通しがもてないと不安になる子どもた
ちもいるので、本日の流れをホワイトボ
ードに記入（もしくは掲示）する。

活動
〈2〉 **ミニゲーム**

● ウォーミングアップとして5分程度でで
きるミニゲームに取り組む。
○ 勝ち負けにこだわる子がいるときは、運
によって左右されるゲームを取り入れる。
負けた場合、「今日は運が悪かったね」
と声掛け。

活動
〈3〉 **説明・活動**

● 完成イメージ動画を見せる。
● 前回組んだプログラムを確認しながら❶、
同じようにプログラムを組んでいく。❷

ここが
ポイント **❶プログラミングスキルの習得**　額田

前回と同じプログラミングをするのは意味
が無い感じがしてしまうのですが、テキス
トコーディングの世界では「プログラミン
グは写経で学べ！」という言葉が有名だっ
たりします。目的意識を持って自分のアイ
デアをつくり上げることも大切ですが、ま
ずは何度も使って、プログラミングに慣れ
ることも大切です。子どもたちの状況や授
業の進捗を見てinputとoutputのバラン
スをうまく保つようにしてみてください。

ここが
ポイント **❷プログラミング的思考**　安藤

従来の人と人とのコミュニケーションを前提とした言語活動では、文脈に依存し、抽象度の高
い表現で話し手と聞き手で共通認識ができていないと成立しないものでした。しかし、プログ
ラミングは「デジタルな言語活動」なので、誰にでも必ず同じように伝わるよう自分の考えを再
構成する必要があります。つまり曖昧な表現、解釈が多様な表現、形容詞・副詞、比喩を使わ
ずに表現することになります。そのため、生じた結果には、必ず論理的な因果関係があります。

動画撮影

- 各自が「Flipgrid」を使って1分以内の動画を撮っていく。
- 背景（フェルト）の色、プラスチックごみに関しては、自分で選べるようにいくつか準備する。
- embotの手を無理やり回さないよう、【気をつけのしせい】(腕が90度真上)になるように常に意識できるようにしていく。

❸→ 視覚支援

<〇のアイテム>
錠剤の入れ物、レジ袋、アルミ箔付きプラスチック（お菓子の袋）

<△のアイテム>
スプーン、汚れたプラスチック（歯磨き粉のチューブ）、CD、ハンガー、歯ブラシ、プチプチ（気泡緩衝材）

ここがポイント ❸ サーボモーターの調整 額田

embotの手はモーターに取り付けたままぐいっと回しても調整されません。プログラミングで90度と設定したのにembotの手が90度の位置にならない場合は、一度モーターから外して90度の位置になるように取り付けるようにして調整してください。力ずくで回すと壊れてしまうこともありますので、ご注意ください。

視覚支援のために写真を活用します。

プログラミング前にイメージ図を確認。

本授業で使用したもの

- embot（インターネット環境は不要）
- ミニゲーム
- PowerPointスライド
- PC（人数分）
- 電子黒板

"自分のロボット"だから集中して取り組めます。

モーターを使ったプログラムで変化を体感

単元名 電気のはたらき

杉並区立天沼小学校　澤 祐一郎 先生

■本単元で身に付けさせたい力

モーターの回る向きや速さに興味をもち、電流の向きを変えると、モーターの回転する向きが変わることや、乾電池の数やつなぎ方を変えると、電流の強さが変わり、モーターの回る速さや豆電球の明るさが変わることなどを捉えることができるようにする。また、光電池を使ってモーターを回すことなどができることを捉え、乾電池（または充電式電池）や光電池で動くものをつくることができるようにする。

■単元の構成

1時 身の回りで電気を利用したものについて話し合う。
　　　乾電池とモーターを繋いでプロペラを回す。
2時 回路に簡易検流計を繋ぎ、電流の向きとモーターの回る向きを調べる。
3時 乾電池の向きと電流の向き・モーターの回る向きとの関係についてまとめる。
4時 モーターでプロペラを回したり飛ばしたりする。
5時 乾電池2個の繋ぎ方を考えて、プロペラが速く回る繋ぎ方を調べる。
6時 「直列つなぎ」と「並列つなぎ」という言葉を使って実験の結果を発表する。
7時 乾電池の数や繋ぎ方を変えて電流のはたらきを調べる。
8時 乾電池の数や繋ぎ方と電流のはたらきについてまとめる。
9時 光電池に光を当てて、光電池のはたらきを調べる。
10時 光電池のはたらきについてまとめる。
11時 embotを使って作品づくりをする。
12時 電気のはたらきについて学習したことをまとめる。

■題材のねらい

電気を使ったものづくりを通して、電気のはたらきへの関心をさらに深める。

| 活動〈1〉 | 電気のはたらきの学習について振り返る。 |

T：電気のはたらきの学習でやってきたことを確認しましょう。

C：電池（電流）の向きを変えるとモーターの回る向きも変わった。

C：電池を使った車をつくった。自分でもつくってみたい！

T：プログラムをつくると、もっといろいろな動きをさせることができます。❶❷

○ 誰でも発言できる場をつくる。

○ ものづくりへの意欲が高まるよう、補助発問する。❸

| 活動〈2〉 | 課題を把握する。 |

電気を使って、人の役に立つものを作ろう。

| 活動〈3〉 | 課題解決を図る。 |

1 embotによる作品づくりをする。

ⅰ グループで製作を進める。

ⅱ グループごとにつくったものを発表する。

ⅲ お互いの作品について良さを見つける。

2 教材と日常生活を繋げる（集団検討）。

○ 計画案の作成者を中心に、ダンボールのカスタマイズとプログラムづくりの担当に分けて製作を進めさせる。❹

ここがポイント ❶プログラムの良さや働き 安藤

実は小学校の理科で扱う電気回路は、回路の構成そのものを変えることで結果に影響を与えるというものです。理科で行うプログラミングでは、見た目の回路の構成は一切変えずに、プログラムさえ変えれば結果を変えられることに気付かせるように働きかけてみてください。

ここがポイント ❷例示の仕方 額田

具体的に完成形を伝えてしまうと、子どもの創造性を邪魔してしまう可能性があります。ですので、まずはembotの機能を伝えるところまでで良いかと思います。例えば、モーターの角度を指定できることや、ブザーの音程を指定できることを伝えるなどが挙げられます。

ここがポイント ❸指導上のノウハウ 安藤

embotは、子どもにとって身近であるダンボールでできているということが、これなら自分たちでもできそうだという動機づけを高める効果があります。理科は自然現象を認識することが重要ですが、embotを扱うことで、そこにとどまらず簡単な工作やプログラミングというものづくりの要素を関連させやすくなります。先生の方で、他教科、特に長さや角度、計算が算数（Math）と関連していること、図工的な要素（Art）があること、そしてつくることで問題を解決できること（Engineering）、世の中とのつながりで視野を広げていくこと（liberal arts）と結びつけてあげれば、STEAM教育としての価値も高くなります。

ここがポイント ❹チームビルディング 額田

無理やりに皆で同じ体験をさせようとせず、役割分担を子どもたちで考えて製作を進めましょう。embot製作には様々な役割があります。完成イメージを皆でしっかりと共有しているのを確認し、それぞれが得意な部分を担当すると、社会に出てからの働き方と同じような体験をすることができます。

T：今日の活動を振り返って、分かったこ
と・気付いたことをまとめましょう。

本授業で使用したもの
- ●embot 一式（各グループ分）
- ●電池
- ●設計図（つくりたいもののイメージ図と解説文）
- ●カスタマイズするもの
  （モール、ペン、シール、ダンボール、色画用紙、色鉛筆）
- ●カスタマイズする道具
  （はさみ、のり、ボンド、ダンボールカッター）
- ●タブレット（iPad）
- ●電気のはたらきキット内の部品
  （プロペラ、モーター、タイヤ等）

電気の学習のプロペラと合体！

トライ＆エラーを繰り返してゴールへ向かいます。

人の役に立つロボットを生み出しました。

47

プログラムを駆使して リズムから旋律へ

単元名 日本の音楽に親しもう

元つがる市立育成小学校　前多昌顕 先生

■ 単元の構成

1時　おはやしのリズムを考える

おはやしを形づくるリズムを理解し、楽曲の構造に気を付けて、旋律をつくる試行錯誤をしている。

2時　3音で旋律をつくる

ラドレの3つの音でおはやしの旋律をつくることに興味・関心をもち、思いや意図をもって音楽をつくる学習に進んで取り組もうとしている。※embotの組み立ては休み時間等に工面し、授業の中には取り組まない。

3時　5音で旋律をつくる

リズムや音の組み合わせを工夫して、5音を使ってまとまりのある日本の旋律をつくることができる。

4時　8小節の曲に仕上げ、embotに動きをつける

旋律の動きとリズムやembotの動きを関連付けながら、思いや意図をもって旋律をつくっている。

■ 題材のねらい

リズムや音の組み合わせを工夫して、5音を使ってまとまりのある日本の旋律をつくることができる。

■ 学習過程　　　　「●」は「学習活動」、「○」は「指導上の留意点」

活動〈1〉　単元で学習している歌を歌唱させる。

● 「さよなら友よ」「こきりこ」を歌う。

活動〈2〉　授業の流れを知らせる。

● 黒板に書かれた授業の流れを見て、これからの学習の見通しをもつ。

活動〈3〉　流れをマインドマップにする。

○ マインドマップに授業の流れを記入し、授業の見通しをもたせる。

マインドマップに授業の流れを記入し、授業の見通しをもたせます。

活動〈4〉 めあてを確認する。

- 5つの音で、おはやしの旋律をつくりましょう。

活動〈5〉 音符カードでリズムをつくらせる。

- 音符カードを使って2小節のリズムをつくらせる。

活動〈6〉 embotで旋律をつくらせる。❶❷

- リズムをプログラムしてから、ミ・ソ・ラ・ド・レの音を当てはめて、気に入った旋律をつくる。

音符の拍数を理解することが難しい児童のために、拍数を記入した音符カードを用意。

活動〈7〉 つくった旋律を五線譜に書かせる。

- ワークシートを見ながら、自分がつくった旋律を五線譜に書き、リコーダーで練習する。

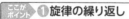
ここがポイント ❶ 旋律の繰り返し 額田

同じ旋律を繰り返すプログラミングを高効率にやる方法は大きく3つあります。1つ目は「コピー＆ペースト」です。function内でコピーしたいブロックをタップして「れんけつブロックをコピー」を選択し、ブロックの無いところをタップすると「ペースト」ができます。2つ目はフローチャート画面左下のSave Listを活用する方法です。ここには作成したfunctionが格納されますので、旋律が入ったfunctionをどんどんフィールドに持ってきてつなげれば旋律が繰り返されます。3つ目がforブロックです。こちらについては下記リンクの動画を御覧ください。

https://app.embot.jp/learn/
tutorial/links/application-ouyou1

ここがポイント ❷ プログラムの良さや特徴 安藤

楽譜の構造はプログラムの構造と似ています。反復記号は繰り返しですし、「1番カッコ」や「2番カッコ」という反復記号は条件分岐させていますよね。

ただ楽譜の構造が同じでも、演奏に関して、例えば強弱記号やスタッカート等は、演奏する側の表現によって様々です。プログラミングではこうした表現も数値で表す必要があり、数値で表せば必ず同じ結果となります。そのためユニゾンでも音に厚みが出ないことがあります。その一方、人が表現すると強弱記号でも全く同じになることはほぼ無く、それは豊かさや感性となって表現したり鑑賞したりする面白さにも繋がります。こうした人の処理とコンピュータとの処理の違いと特長に気付かせるには、音楽での表現として扱う場面が効果的です。

活動〈8〉	**つくった旋律をリコーダーで演奏させる。❸**

- 1人ずつ、自分が演奏しやすい速さで演奏する。❹
- ○ 五線譜に音符が書けない児童には机間指導をする。

活動〈9〉	**振り返りをさせる。**

活動〈10〉	**embotで自分の旋律と友だちのつくった旋律をつながせる。**

- 早く終わった児童から、友だちの旋律を自分のプログラムに組み込む。
- ○ うまく演奏できない児童は、できるところまで演奏させた後、embotで発表させる。

活動〈11〉	**次時の予告をする。**

- ○ 印刷されたプログラムを見ながら友だちの旋律を入力する。

ここがポイント ❸指導のノウハウ 安藤

プログラミングで音を出すには「スキル」は必要ありません。知識があればできるのです。従来の音楽の授業では、リコーダーや鍵盤などで演奏できるスキルが無いとできませんでしたが、旋律やリズムを考えることの面白さはコンピュータで行えば、誰でも楽しめることができます。そこで「面白い」と感じさせてから、それを自分でも演奏してみたいという学習動機に結びつけるとよいでしょう。

ここがポイント ❹テンポを変更するブロックを活用 額田

embotアプリではブザーの音を鳴らすブロックの前に「テンポを〇〇〇にする」ブロックを入れることによって、その後のブザーのテンポを一度に変更することができます。embotの演奏を参考にリコーダーで演奏する場合にテンポを変更するブロックは便利ですので、ぜひ使ってみてください。

本授業で使用したもの

- ● embot
- ● タブレットPC
- ● scratch 作品（自グループで作成）
- ● プレゼンテーション資料
  （PCで発表用、プリントアウトして掲示用）

embotで曲を再生できるから、
自由に作曲に取り組めました。

50

音の重なりをプログラムで表現する

単元名 和音の美しさを味わおう

尼崎市立園田小学校　林 孝茂 先生

■本単元で身に付けさせたい力

（1）和音の響きの美しさを味わって聞いたり表現したりすることができる。

（2）和音の響きを感じ取って、音の重なりを表現するプログラムを友だちと工夫することができる。

■単元の構成

1時　ドレ見メーターで作曲する。

※embotの本体製作・基本操作に関しては図工等の時間を活用。❶

（3時間程度）

2時　和音（Ⅰ～Ⅲ）について知る。

3時　和音の基本形を考える。

（本時）

4時　和音をつくる。❷

（embot3台を使って和音を鳴らす。）

5時　難聴学級へできあがった音を届ける。

（チューリップのメロディなど、一緒にプログラムを組む。）

> **ここが ポイント ❶ 手の初期設定**　額田
>
> 手の取り付け方が重要です。サーボモーターを意図した角度にするために、下記URLにマニュアルがありますので、手のつけ方を見て慎重に取り付けてください。
>
> https://www.embot.jp/embotters

> **ここが ポイント ❷ 和音の鳴らし方**　額田
>
> どんなに正確にアプリのボタンを同時に押しても通信の関係で誤差が生まれてしまいます。徐々に重なっていくように鳴らすなどの工夫をするようにしましょう。

■題材のねらい

プログラミングを通して三和音の基本形に気付き、音の重なりの美しさを味わう。

活動〈1〉 冬の歌を斉唱する。

○伴奏から前時までに見つけたきれいに聞こえる和音を想起させる。

活動〈2〉 学習課題を確認する。

● embotを使って和音の秘密を探らせる。

角度で音階を示す"ドレ見メーター"。

活動〈3〉 手順を知る。

● ド→ミ→ソなどの順に鳴るようにする。
● サーボモーターの矢印が音に合わせた角度になるようにする。
○ ドレ見メーターを提示する。

試行錯誤しながら記入します。

活動〈4〉 Iの和音（ドミソ）でプログラムを組む。

○プログラム例を示す。
○ピアノで実際の音を聞かせる。

プログラム例

活動〈5〉 II・IIIの和音でプログラムを組む。

○ワークシートに角度を書いてからプログラムするようにする。

ワークシート例

52

| 活動〈6〉 | **プログラムを発表し、気付いたことを話し合う。** |

○音と音の間は同じ角度になっていることに気付かせる。❸

| 活動〈7〉 | **Ⅳ、Ⅴ、Ⅵ、Ⅶの和音をつくる。** |

○気付いた規則を元に和音を考えられるようにする。❹

| 活動〈8〉 | **つくった和音を五線譜に表し、分かったことを話し合う。** |

● Ⅰ〜Ⅶの和音を鍵盤で演奏する。
○おだんごのように並んでいることに気付かせる。（三和音の基本形）
○実音の響きを感じ取らせる。

| 活動〈9〉 | **振り返り。** |

●授業を振り返り、学んだことを他の場面で生かせられるかを考える。❺

■評価

和音の基本構成とその規則性を理解し、音の重なりの美しさを感じ取っている。❻

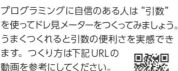

ここがポイント ❻ドレ見メーター発展編 額田

プログラミングに自信のある人は"引数"を使ってドレ見メーターをつくってみましょう。うまくつくれると引数の便利さを実感できます。つくり方は下記URLの動画を参考にしてください。
https://www.youtube.com
/watch?v=rSdn_nQ7yZk

ここがポイント ❸コンピューテーショナルシンキング 安藤

諸説あるコンピューテーショナルシンキングですが、「パターンを見つける」という要素を挙げている文献もあります。こうした法則や規則性に気付くことで、他への転用・応用ができるようになります。この考え方はプログラミングでは、例えば、細かい処理をまとめて抽象度の高い「関数」にして他の部分でも利用できるようにする（一般化する）考え方に近いものです。

ここがポイント ❹コンピューテーショナルシンキング 安藤

上記で書いたように，一度パターン化しておくことで、それを用いて同様の処理ができることに子どもたち自身が気付くと、他にどんなパターンがあるのだろう?と疑問を持ち、より深く楽しめるようになります。

ここがポイント ❺プログラミングの評価 安藤

プログラミングを取り入れた授業での振り返りでは、教科としての振り返りだけでなく、プログラミングをしたことの振り返りも書かせることをオススメします。プログラミングが直接教科の評価に影響を与えることはありませんが、プログラミングを通して、プログラミング教育の3つのねらいに対してどのように考察できたのかは、所見欄などに個人内評価としてフィードバックしてあげて欲しいところです。

本授業で使用したもの
【児童】
●embot（3人に1セット）
●iPad（3人に1台）
●ワークシート
●鍵盤ハーモニカ
【教師】
●大型ディスプレイ
●実物投影機
●板書用提示物

プログラミングで円から正多角形をつくろう

単元名 円と正多角形

大田区立大森東小学校　鍔田マリ先生

■本単元で身に付けさせたい力

（1）観察や構成などの活動を通して正多角形の性質について理解する。また、円と組み合わせて正多角形を作図することができる。

（2）円周について理解するとともに、直径、円周、円周率の関係を理解し、円周の長さや直径の長さを求めることができる。

■単元の構成

1時　正多角形の意味や性質を理解する。
　　　　円形の紙でつくった正六角形や正八角形の特徴を調べる。

2、3時　円と組み合わせて正多角形を作図することができる。
（本時）　円の中心角を等分する方法で、正八角形、正六角形をかく。

4時　円の半径の長さを使って正六角形を作図し、正多角形と円の関係について理解を深める。
　　　　円の周りを半径の長さで区切る方法で正六角形をかき、その方法でかける理由を考える。

5、6時　直径の長さと円周の長さの関係を調べ、円周率の意味を理解する。
　　　　　円周率の意味や求め方を理解し、円周の長さを求めることができる。

■題材のねらい

本時の目標は円の中心角を等分する方法で正六角形を作図することである。分度器と定規を用いて作図を行う場合、「時間がかかること」「正確に作図するのが難しいこと」がデメリットとして考えられる。また、等分した中心角を測って作図する場合、「同じ作業を繰り返している」ことにも着目したい。

児童には上記の点に目を向けさせ、「短時間で」「正確に」、また「同じ作業を繰り返す」ことはコンピュータの得意分野であることに気付かせる。ここから児童1人1人が「正多角形を作図するプログラムを組んでみたい」という意欲をもって学習に取り組むことができるようにする。

本時においてはプログラミング教育ロボットembotを用いて、円の中心を等分する方法で正多角形の作図を行う。embot の大きな特長としては、実際にロボットが頂点を取る動きをするため、作図の手順が視覚的に理解しやすい点があげられる。❶

また、ブロックの数値に円の中心の角度を等分した数値を入れてプログラミングしていくため、学習の定着が図られ、中心角は「360度÷□角形」という学習についての習熟が期待される。

本時の学習を通して、児童が思った通りの作図をしたいという意欲をもち、作図の手順を考えることでプログラミング的思考を醸成し、中間発表におけるディスカッションを通してトライ&エラーの姿勢を身に付けることができる。

■学習過程

「●」は「学習活動」、「○」は「指導上の留意点」

活動〈1〉 課題をつかむ。

- ●円の中心の角を等分して正六角形を作図する手順を想起する。
- ●コンパス、定規と分度器では作図に時間がかかること・繰り返しであることに気付く。❷
- ●プログラミングを使うと作図ができそうだと気付く。
- ○円の中心の角度を等分して正六角形を作図する方法を想起し、本時ではプログラミングによって作図することを確認する。【VTR1】❸
- ○円の中心が等分されていることに気付かせる。
- ○円の中心の周りの角は360度だから、360度 ÷ 6。

活動〈2〉 プログラミングの準備をする。

- ●embotの組み立て、アプリの初期設定を行う。
- ○プログラミングに必要な準備をVTRで確認する。【VTR2】
- ○プログラミングの手順をVTRで確認する。【VTR3】❹

活動〈3〉	**embotを使って正六角形をかく方法を考える。**

- 作図の基本的な考え方はコンパスと分度器で作図するときと変わらないことに気付く。❺

embotを使って作図の方法を知る。

活動〈4〉	**プログラミングして正六角形を作図する。**

○ VTRを参考に正六角形の作図方法を確認し、他の正多角形を作図する手立てを考える。【VTR4】

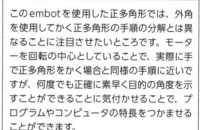

ここがポイント ❺ プログラムの良さや働き、プログラミング的思考 安藤

このembotを使用した正多角形では、外角を使用してかく正多角形の手順の分解とは異なることに注目させたいところです。モーターを回転の中心としていることで、実際に手で正多角形をかく場合と同様の手順に近いですが、何度でも正確に素早く目的の角度を示すことができることに気付かせることで、プログラムやコンピュータの特長をつかませることができます。

活動〈5〉	**中間発表をする。**

- 正六角形が作図できていることを確認し、他の正多角形の作図も行う。❻

ここがポイント ❻ プログラミングでの作図メリット 額田

プログラミングを少しいじるだけで、別の多角形を簡単に作図することができます。中には頂点をどんどん増やしていく子どもが出てきて、円に近づいていくことに気付く場合もあります。時間があれば、自由に作図する時間をつくるようにしてみましょう。

活動〈6〉	**最終発表をする。**

- プログラミングを使った作図の方法をまとめる。
○ 次時の学習に繋げる。

本授業で使用したもの
- embot ● タブレット
- 算数用の授業サポート動画
- ワークシート

正六角形を作図しよう。

プログラムを共有しよう。

工作用紙とサーボモーターを使った新発見

単元名 紙×embot =!?

新渡戸文化小学校　山内佑輔 先生

本単元で身に付けさせたい力

(1) 自分の感覚や行為を通して、形や色、動きなどの特徴を理解する。

紙の加工についての経験や技能を総合的に生かしたり、表現に適した方法などを組み合わせたりするなどして、表したいことに合わせて表し方を工夫する。

(2) プログラミングの機能から、表したいことを見つけ、動きの特徴や色、形を考えながら、工作用紙でどのように表すかについて考える。

自分たちの作品の造形的な良さや面白さ、表現の意図や特徴、表し方の変化などについて、感じ取ったり考えたりし、自分の見方や感じ方を広げる。

(3) プログラミングの機能を活用して、工作用紙で工作に表すことに取り組み、つくりだす喜びを味わうとともに、形・色・動きなどに関わり、楽しく豊かな生活を創造しようとする態度を養う。

学習過程

「●」は「学習活動」、「○」は「指導上の留意点」

活動
〈1〉
embotを動かしてみよう!

- embotとタブレット端末を接続する。
- 0～180度までの可動域を確認する。
- "○秒待つ"の効果を確認する。❶

○ 2人1組で取り組むことを伝える。
○ embotアプリケーションの操作方法を伝える。
○ 友だち同士で話し合い、アイデアを共有したり、教え合ったりするよう伝える。

ここが
ポイント **❶プログラミング的思考** 安藤

この「待つ」という手順の分解は、コンピュータに対するプログラミング的思考として特有のものです。LEDの点滅をプログラミングすることで予想よりも高速の点滅になる結果から論理的推論で「待つ」の必要性を導く指導も効果的ですが、授業のねらい次第で、このことを最初に知識として教える演繹的な指導方法もあります。

活動〈2〉 課題をつかむ。

動きからイメージして、工作用紙と組み合わせて "あ!" と驚くものをつくってみよう！

○千枚通し等で工作用紙に穴をあけ、サーボモーターと組み合わせる例を提示する。
○サーボモーターと紙をマスキングテープで接着してもいいことを伝える。

コアとサーボモーターでどんなものがつくれるのか!?

活動〈3〉 プログラミングをして動きをつくる。

活動〈4〉 工作用紙を使って、サーボモーターの動きから発想したものを工作する。❷

● 太鼓を叩くような動きになるかも！
● ボールを蹴るゲームをつくろう！
● ピンボールできるんじゃない？
● 動くロボット、つくれないかなぁ。
● 振り子時計の動きに似ているね。
● メトロノームにしたいけど、どんな速さでモーターを動かせばいいかな。❸

○ 児童の取り組みから、"繰り返し"の命令が必要になった場合には、全体に説明する。❹

ここがポイント ❷ ダンボール外装を使わない 額田

あえてembotのキャラクターの形を見せず、サーボモーターの動きから発想することによって、子どもたちのオリジナリティを引き出すことができます。キャラクターの形を知っている大人が想像できないような内容でも否定はせず、具現化するサポートをするよう心がけましょう。

ここがポイント ❸ モーターの動きからの発想 額田

サーボモーターは0-180度の間で回転します。いきなりつくり始めてもよいですが、アイデア出しの時間を取ると効率良く工作に取り組むことができます。いきなり作例を伝えるのではなく、「モーターの動きは何に似てるかな？」や「モーターをこっちの角度から見てみるとどうだろう？」などの声掛けをしてサポートするようにするとよいかと思います。

「こんな動きにしたい！」意欲がどんどんわいてきます。

ここが ポイント ❹ 指導のノウハウ、プログラミング的思考 安藤

順次処理だけしていると、子どもたちがプログラミングする中でパターンに気づいて、自発的に何度も同じことをしたいという欲求や、同じことをたくさん書かなければならないのか?という疑問が出てきます。こうした気付きや気持ちを捉えて繰り返しの処理を紹介すると、そのありがたみを実感させることができます。

またembotでは具体的な手順を順次処理で構成される詳細なプログラミング画面と、繰り返しなどの全体の構成を把握できる抽象度の高いフローチャート画面とを行き来してプログラミングをします。このことで全体の流れは同じでも、詳細な手順を変えると結果が変わることに気付かせてあげてください。

活動 〈5〉 鑑賞する。

グループごとに鑑賞する。⑤

◇すごい! ロボットが動いてる!
◇どうしたら、こんな動きになるの?
◇このゲーム、面白い‼

ここが ポイント ⑤ 発想についても共有する 飯田

作品の発表会では工作面とプログラミング面に注目が集まりますが、「なぜこのような作品(アイデア)を思いついたのか?」についても触れるようにしましょう。結果だけでなく、アプローチを学ぶことにより、プログラミングを用いたものづくりについての理解をより深くすることができます。

また、授業の都合上、発表会が難しい場合は下記動画を用いて、別の学校の作品を鑑賞してもよいかと思います。
ご活用ください。

https://app.embot.jp/
learn/tutorial/links/
school4

先生も驚く作品がたくさん生まれました。

本授業で使用したもの

【児童】
●はさみ、のり
【教師】
●セロハンテープ、マスキングテープ、
工作用紙、カラーペン、embot、
タブレット端末(各班1台)

プログラミングで感謝の気持ちを伝えよう!

単元名 「Welcome embot」を作ろう!

葛飾区立東金町小学校　後藤朋子先生

本単元で身に付けさせたい力

自分たちは保護者、学校、地域の人々に支えられて学校生活を送ってきたことを再認識し、感謝の気持ちを伝えるために、展覧会にむけて「Welcome embotを作ろう！」という学習課題をもち、今まで学習してきたプログラミングの知識・技能を使ってembotの動作を考え、表現することができる。

単元の構成

「●」は「学習活動」、「○」は「指導上の留意点」

1時
- ●「自分たちの学校生活を支えてくれる人々」について考える。
- ●展覧会に向け参観者に楽しさが伝わるWelcome embotを作成するという学習の流れを知る。
- ○イメージマップを使い、いつどのように支えてもらっているか具体的に気付けるようにする。

2時
- ●embotの基本的な操作方法とフローチャートについて知る。
- ○embotのワークシートを活用させる。

3時
- ●embotの操作に慣れる。
- ○ブロックが多いときはファンクションを使わせる。
- ○自分のロボット名をスタートのすぐ下に作成することを板書する。

4時
- ●展覧会にいらっしゃるお客様を楽しませるWelcome embotの操作をグループの友だちと考え、ワークシートに操作手順を書き、それをもとにフローチャートやプログラムブロックを作成する。

5時（本時）
- ●展覧会の参観者を楽しませるために考えたプログラムを友だちと協力しながらより良いものに改善する。
- ○ワークシートに付箋を使って改善点やその内容を書き込みながら話し合わせる。

6時
- ●より楽しませるために、Welcome embotに装飾をする。
- ○操作したときのことを考えた装飾をつくらせる。

7時
- ●グループ発表会を行い、さらに改善していく。
- ○屋台方式で展示し、時間内に全員が全てのWelcome embotを見ることができるようにする。

8時
- ●展覧会で展示し、振り返りをする。
- ○振り返りシートを作成し記入させる。

■題材のねらい

- 展覧会を参観する保護者や学校の人々を楽しませるために考えたプログラムを友だちと協力し合いながらよりよいものに改善していくことができる。
- ワークシートの付箋を参考に、フローチャートやプログラムブロックを適切に配置することができる。

■学習過程

活動〈1〉 **前時の学習を振り返る。**

何のために作成するか再確認させる。

活動〈2〉 **本時の学習の流れを確認する。**

めあて

展覧会にいらっしゃる方を楽しませるために考えたプログラムを友だちと協力しながらより良いものに改善しよう。

活動〈3〉 **グループで協力し、前時で作成したembotのプログラムを実行し、動作の確認をする。**

グループのembotを実行し、確認させる。友だちと協力して、展覧会の参観者を楽しませるプログラムを考え、より良いものに改善していくことができたか。

活動〈4〉 **プログラムの改善点について話し合いながらワークシートに付箋をはっていく。**

色分けした付箋を用意し、改善点や修正内容が一目で分かるように記入させる。
青→改善が必要なところ
緑→修正した内容❸

ここがポイント ❶人のためのものづくり　顔田

ものづくりは自分の好きなものをつくりがちですが、自分以外の人のためのものづくりの経験は重要です。社会に出て製品をつくるときはユーザー属性や行動の仮説を立ててサービスを検討することが多いです。人のためにつくる意識を強めたい場合は展覧会にどんな人（年齢、性別、趣味など）が来るのかを皆で意識合わせしてから取り組むとよいでしょう。

ここがポイント ❷プログラムレビューのポイント　顔田

レビューをするときに気を付けないといけないのは、間違い探しにならないようにすることです。「embotがあいさつをしている」という表現をするプログラムは人によって様々です。「間違い探し」ではなく「アドバイス」をする気持ちで子どもたちがレビューできるように促してください。

ここがポイント ❸指導のノウハウ　安藤

プログラムのレビューがあるのは良いですね。同じ結果でも、プログラムの書き方は複数ある場合があります。アルゴリズムとしての良し悪しなどはありますが、小学校段階であればいろいろな考え方があるんだ、ということに気付かせることが大切です。プログラムを書くことに慣れてくれば、より短いプログラム、人が読みやすい（間違いがあったときに確認しやすい）プログラムなどを意識させてみるのも良いでしょう。

| 活動 〈5〉 | **ワークシートの改善点を見ながら、フローチャートやプログラムブロックを適切に配置する。❹** |

机間指導しながら、適切にブロックを配置しているか、グループで協力しているか確認する。

ここがポイント ❹プログラミング的思考 安藤

他の事例にもコメントしましたが、embotのプログラミングの特長である全体を俯瞰して仕組みを捉える思考と、その要所の処理を詳細に捉える思考を行き来することで、抽象化と分解の概念を意識させることができます。（これはレベル2以上で行うことができます）

| 活動 〈6〉 | **もう一度プログラムを実行し、確認する。** |

グループのembotを全て同時に実行し、確認、改善する。❺

ここがポイント ❺embotの同時動作数 額田

安定して動くembotの最大同時接続数は約40台です。もしそれ以上の数を同時に動かしたい場合は同時に動かすのではなく、クラスで前後半のグループを作って動かすようにしてください。

| 活動 〈7〉 | **振り返りをする。** |

● 2、3のグループに、楽しい動きにするため、ブロックのどこを修正したのか発表させる。❻
● 振り返りシートに本時にできたことや次時に取り組みたいことを書かせる。

ここがポイント ❻プログラミング的思考 安藤

ブロックを用いたプログラミングでは、ランダムにブロックをつなげてもプログラムが実行されます。これは試行錯誤ではなく当てずっぽうです。しかし初心者にとっては実行してみないと結果が予想できませんから、試しにやってみるという姿勢は大切にしたいものです。
そのうえで最終的に自分が意図した動きに対して、どのような命令を組み合わせたのか、それを考えるときにどのようなデバッグ（修正）を行ったのか、アイデアや考えを全体共有するとよいです。

東京オリンピック・パラリンピックまでのカウントダウンボードと児童がプログラムしたembot。

本授業で使用したもの
● embot ● タブレット
● ワークシート
● 付箋（複数色）

好きな曲のプログラムなどを繰り返して学ぶ

単元名 embotドリルをやってみよう!

杉並区立天沼小学校　澤 祐一郎 先生

■本単元で身に付けさせたい力

(1) 生活の中でコンピュータが活用されていることを知り、それらがより良い生活や社会のために役立てられていることを理解できるようにする。

(2) embotドリルを活用して、自分たちの生活や社会をより良くするためにできることを考えることができるようにする。

(3) 身近なコンピュータに関心を向け、協力しながらembotドリルに主体的に取り組もうとしている。

■単元の構成

構成1　**知る**

1時【導入編】
プログラミングについて知ろう!!❶❷
（動画視聴）
　問題①〜⑥に取り組む。❸❹（ドリル）
　embotの機能を紹介する。（ロボット）
2時【準備編】
アプリをインストールする。❺
　アプリの使い方を知る。（ドリル）
　ブロックの使い方やメニューの開き方を知る。（アプリ）

ここが ポイント ❶指導のノウハウ 安藤

小学校段階でのプログラミング教育はプログラム自体を覚えることを目的としないものの、最低限の知識と技能は必要です。しかしそれは個人差があるため、教師の一斉指導では大変なことがあります。そのようなときには、ドリル的なものがあることで、理解している児童はさらに新しい考え方や方法などの知識を得て、苦手な児童もある程度の繰り返しによって知識として定着することが期待されます。

ここが ポイント ❷短時間での理解 額田

1回15分という短時間の実施例になります。高効率に子どもたちに理解してもらうのに動画は有効です。下記URLの動画はプログラミングについてだけでなく、embotについても知ることが出来ます。ご活用ください。
https://youtu.be/L7MAbLjBCJw

構成2 **やってみる**

3、4時【基礎・ライト編】

作ってみよう①、②に取り組む。（15分）
　　（1）ライトを点ける
　　（2）ライトを消す
　作ってみよう③に取り組む。（10分）
　まとめをする。（5分）

5、6時【基礎・モーター編】

作ってみよう①に取り組む。（15分）
　　（1）問題①をする。
　　（2）問題②をする。
　　作ってみよう②に取り組む。（10分）
　まとめをする。（5分）

7、8時（本時）【基礎・ブザー編】

　作ってみよう①、②に取り組む。（15分）
　作ってみよう③に取り組む。（10分）
　まとめをする。（5分）

構成3 **深める**

9、10時【総合編】

基礎編で学習した機能を使って、自分の考え
た動きをプログラミングする。（15分）
　自分の考えたプログラムを発表し合う。
（15分）

ここがポイント③ 指導のノウハウ 安藤

プログラミングの授業で先生に没頭して欲しいことは、子どもたちの考え方に寄り添うことです。プログラミングとはどのようなことか、どのように操作するのか等は必ずしも先生が指導する必要は無く、こうした教材やコンテンツを使うことをオススメします。GIGAスクール構想で1人1台のPC端末が整備されれば、一斉に同じ速度での理解を要求せず、個別に各端末で動画を見せ、それで分かる児童はすぐにプログラミングを、動画で十分理解できない児童に対しては先生がそれぞれの躓きに合わせて指導するとよいでしょう。いつも全員一斉だけでなく、今後はこうした学習スタイルで進められるような学習習慣も必要になってきます。

ここがポイント④ オンラインドリル 額田

embotのwebサイトでオンラインドリルを公開しております。このドリルはロボットが手元になくてもアプリがあれば体験することができます。embotに興味はあるが、購入は検討中という方は、一旦このドリルをご体験いただくと良いかと思います。
https://www.embot.jp/education/drill/

ここがポイント⑤ 事前チェック 額田

学校の端末がembotアプリ対応のものかを下記URLでご確認ください。
対応している場合でも、インストール出来なかったり、きちんと動作しない場合があります。その場合は学校独自の環境設定などが原因かもしれませんので、確認してみてください。
https://www.embot.jp/product

■題材のねらい

既習事項をもとにして、自分の好きな曲を考えることができる。
【思考、判断、表現】

 活動〈1〉 **本時の課題を確認する。**

- ●「カエルのうた」のコードブロックの組み方を確認する。
- ●学習課題を確認する。

1人1台のタブレットとembotドリルを活用しながら、自分の進度で学習課題を解決していく子どもたち。

活動〈2〉 **「ちょうちょのうた」をプログラミングする。**

- ●「ちょうちょのうた」で2分音符の組み方を知る。

ここがポイント ❹**プログラムの良さや働き** 安藤

音楽はプログラミングの考え方と相性が良いです。多くの場合、あるまとまりが繰り返されて曲が構成されるからです。一度作成した音のパターンを繰り返したり、一部分を変えたりすることと、プログラミングの操作や考え方とを紐付けて指導してあげるとよいでしょう。

 活動〈3〉 **好きな歌(曲)をプログラミングする。**

- ●自分の好きな歌や曲をプログラミングするよう、言葉掛けする。
- ●良い動きや工夫した動きが生まれたときは児童を称賛して、動きの幅を広げていけるようにする。❹

活動〈4〉 **振り返りをする。**

- ●学習課題に対して、活動への振り返りをする。(ドリル)
- ●まとめドリルに取り組むことで、身近な生活や社会のどの場面でプログラミングが活用されているか確認する。

本授業で使用したもの
【児童】
- ●embot ドリルアプリの入ったタブレット
- ●筆記用具
- ●embot ドリル (紙)
【教師】
- ●充電用コード
- ●embot 本体 (提示用)
- ●電子黒板 (実物投影機)

自分の好きな曲 (リズム) をプログラミングする様子。

全体で自分の作成した曲を聴き合った後、学習のまとめをする様子。

発電や蓄電、電気の変換を くらしに生かす

単元名 電気とわたしたちのくらし

横須賀市立浦賀小学校　府中高助 先生

本単元で身に付けさせたい力

電気の量や働きに着目して、それらを多面的に調べる活動を通して、発電や蓄電、電気の変換についての理解を図り、実験などに関する技能を身に付けるとともに、主により妥当な考えをつくりだす力や主体的に問題解決しようとする態度を育成する。(「東京書籍HP『年間指導計画』」より引用)

単元の構成　※単元の項目及び内容は「東京書籍HP『年間指導計画』」より引用

1時　【電気をつくる】
・町の様子の絵を見て、電気はどのようにつくられたり利用されたりしているかを考え、電気と自分たちの暮らしとの関わりについて問題を見いだす。
・身の回りで、発電している物があるか探す。
2時　・手回し発電機や光電池で電気を作り、作った電気を利用する。(実験１)
・手回し発電機や光電池を使うと、発電することができることをまとめる。
3時　【電気の利用】
・コンデンサーなどを使うと、蓄電できることを知る。
・コンデンサーに電気をため、ためた電気を何に変えて利用できるか調べる。(実験２)
・実験結果を基に、電気は、光、音、運動などに変えて利用できることをまとめる。
4時　・電熱線に電流を流すと発熱するかどうか、発泡ポリスチレンを使って調べ、まとめる。(実験３)
・豆電球と発光ダイオードの特長を捉える。
5時　【電気の有効利用】
・電気を効率的に使うための工夫について考え、まとめる。
6～9時・人が近づくと明かりがつき、しばらくすると消えるプログラムを作り、明かりをつけたり消したりする。(活動)(※文章の一部略)
10時　・これまでに学んだことを生かして、電気を利用した物を作る。
・電気の働きや利用について、学んだことをまとめる。

題材のねらい

本時では、つくられた電気を効率的に使う方法をプログラミングによって制御することについて考えている。embot を用いて、どのような指示を行うと目標が達成可能なプログラミングになり、ロボティクスが活躍できるような場面を想起させながら、実用性をもった学習につなげる。

活動〈1〉 課題をつかむ。

私たちの生活では、電気は効率的に使われているだろうか。

- ●前時まで、電気のはたらきにどのようなものがあったかを振り返る。
- ●電気をつくることの大変さを考えたり、電気を無駄遣いしないことを生活の中から結びつけたりして、電気を効率的に使おうという意識を高める。
- ○ノートにある活動の活用履歴を使い、知識を確実に理解させていく。

生活の中から連想するから、意見や疑問でわくわくが高まる！

活動〈2〉 課題を深める。

- ●身の回りで効率よく電気を使っている場面を探す。
- →例を挙げていく話し合い活動を行う。
- ○「スイッチによるもの」「タイマー・センサー等の自動制御によるもの」などが混在するので、整理していく。❶
- ●なぜその場面に自動制御が必要であるかを、話し合い活動によって深める。
- →人の動きによる面倒さ・不確実さ・煩わしさなどが挙げられる。❷
- ○これらを出すことによって、コンピュータは人間生活をより豊かにするための道具であることを意識させて、発想の一助にする。

ここがポイント ❶ どういう目的でセンサーが使われているのか 額田

電気の制御はスイッチが一番原始的でセンサーが一番高効率と思われがちですが、必ずしもそうではありません。例えば、ほとんど動かない作業スペースの照明ON/OFFが人感センサーだと、作業中に照明が消えてしまうため、いちいち体を動かしてセンサーを反応させないといけません。夜に使われない場所の場合は、些細なことでセンサーが反応して照明が点いてしまうよりも、タイマーで照明を消している方が無駄な電力消費を抑えられます。時間に余裕があればいきなりセンサーに収束させるのではなく、どのような制御があるか、例を発散させると制御の理解が深まります。

ここがポイント ❷ 学校間での学びの円滑な接続 安藤

こうした生活や社会での問題に気付き課題を設定して、プログラミングで解決する活動は中学校技術科での指導内容に繋がります。

- 電気を効率的に利用するためにどうすればよいだろうか予想を立てる。❸
- →センサーのはたらきに着目されることが予想され、どのような場面でセンサーが使われるか話し合い活動を行う。
- →センサーの仕組みが、プログラミングにより「条件分岐」を使って行われることを理解する。❹
- ○コンピュータの仕組みとして、「順次処理」「反復処理」と「条件分岐」という3つの仕組みを確実に理解させる。❺

センサーを使った仕組みを、自分たちでつくることができるのだろうか？

- embotとセンサーを紹介し、場面を想定させる。
- →「○○をしたら、embot が××を行う。」という仕組みをデモンストレーションして、「必要な場面でembot が自動的に動くといいな。」という発想をもつ。
- ○VTRを使用して仕組みを理解し、必要に応じて、一斉にデモンストレーションを行う。❻
- ★得意な児童に事前に渡して、デモンストレーションを行うことも楽しい。

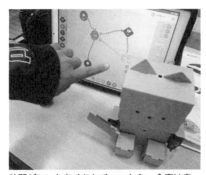

仲間がヒントをくれたチャートを、今度は自分で説明してくれています！

ここがポイント ❸ **学校間での学びの円滑な接続** 安藤

中学校の技術科での見方・考え方としては、環境への影響や経済的な観点で捉えることに繋がります。

ここがポイント ❹ **プログラムの良さや働き** 安藤

従来の理科で扱う回路はアナログ回路であり、回路を物理的に目に見える形で配線を変えることで結果が変わるものでした。しかし回路の中にコンピュータを入れることで、回路全体の見える仕組みとしては同じであるにもかかわらず、プログラムを変えることで色々な結果をもたらすことができる、ということに気付かせてください。これはコンピュータの歴史としては、ノイマンコンピュータ誕生のインパクトに気付かせることにも繋がります。

ここがポイント ❺ **プログラミング習得を目的にしない** 額田

いきなり「プログラミングには順次、反復、分岐の処理があります」と説明するよりも、「センサーが暗いと判断したら照明がつく、センサーが明るいと判断したら照明が消える。このように条件によって動作を分岐させる処理を条件分岐処理と言います」という説明の方がぐっと理解しやすくなります。企業人からすると、プログラミングに詳しい子どもを育てるのではなく、プログラミングを使える子どもを育てる教育が盛り上がって欲しいなと願っています。

ここがポイント ❻ **動画活用による効率化** 額田

動画を利用することにより、子どもたちに効率よく理解させることができます。下記URLの動画の後半が理科教材に関する内容となっていますので、参考にしてみてください。
https://www.youtube.com/
watch?v=1BQxMjtSICs

センサーを使うと、必要なときに電気を使う仕組みがつくることができる

○ 実際には Bluetooth の利用や待機電力などの課題もあり、疑問をもつ児童が出てくる。ここでは理論上考えられる活動を前提として、さらなる課題が発生し、企業等では実用化に向けるとその点をクリアするために開発作業が行われていることを理解する。〈キャリア教育的視点〉❼

この授業では、キャリア教育との関連にしていますが、中学校の技術科的な視点で捉えれば、テクノロジーで解決した問題はそれが普及することで新たな問題を生み出すというテクノロジーのジレンマと発展性につながる内容です。そしてテクノロジーで全てをフォローできないため、社会科的な問題解決として法律やルール、保険制度などを複合して社会の中で問題を解決していきます。

活動
〈3〉

アイデアを確かめ合う。

● センサーを利用することができたかを確認し、活動に結び付けながら、次時以降の活動のめあてを自分たちでつくる。
○ センサーのはたらきに触れていない場合は、取り入れるように指導する。

本授業で使用したもの

● embot アプリが使用できるタブレット（本授業では iPad を使用）
● embot スターターキット一式（PC で発表用、プリントアウトして掲示用）
● Sizuku Lux
● embotters サイト内動画「センサー5 Linking を使って動かそう」

動かせたからうれしい！「センサーの仕組みが分かった！」という感動があふれている！

ロボットの形や色、動きから 何かを感じさせる

単元名 ロボットダンス大会をひらこう

江戸川区立東小松川小学校　二瓶奈緒美先生（写真）／鈴木康晴先生

■ 本単元で身に付けさせたい力

ロボットの色や形、動きを組み合わせることを連想させながら作る過程で、造形的な見方・考え方を働かせる力。

■ 単元の構成

1時　embot を動かす仕組みを知り、形や色や動きを組み合わせて、デザインに合った作品をつくることができる。

2時　互いに鑑賞し、それぞれの良さを感じとり、表現の意図や特徴などを捉えることができる。

■ 題材のねらい

embotを活用して動くロボットをつくり、互いに鑑賞し合うことを通して、その形や色や動き、面白さに関心をもって見ることを楽しむ。それぞれの良さを感じとり、表現の意図や特徴などを捉えることができる。

ペアでプログラムをつくる様子。

それぞれの工夫が詰まった作品になりました。

活動〈1〉

課題をつかむ。

題材名：ロボットダンス大会をひらこう。
- ● embotでのプログラムのつくり方を知る。
  ①
- ● 動きを考える。
- ☆ 繋げると動きが変わるみたい。**②**
- ○ 基本的な動きを提示する。**③**
- ○ プログラミングをして、それを自由に動かしてみるよう伝える。

ここがポイント ③指導のノウハウ　　安藤

自由度の高いプログラミングをさせる場合には、できることの技術的な限界をある程度イメージさせておくとよいでしょう。例えば、標準で付属するサーボでは360度回転させることはできませんが、そのことを知らないと、どうにかするとできるのではないかと、できないことを試行錯誤させてしまうことがあります。

活動〈2〉

各グループでロボットをつくる。

- ● 個人でワークシートにアイデアをかく。
- ● 班でホワイトボードにアイデアをまとめる。
- ● まとめたアイデアをもとにロボットのデザインを手分けして行う。
- → ロボットの型紙を使って、色を付け組み立てる。
- → 動きをプログラミングする。
- ☆ この手順にすると不思議な動きになった。
- ☆ 思った動きになった。
- ○「学校PR」をテーマに考える。**④**
  同じ曲（校歌）に合わせた動きを考える。

ここがポイント ①状況に応じたプログラミングの説明　　額田

プログラミングや、embotの理解度や、学年によってアプリの使うレベルや内容を変えましょう。初めて触れるような子どもが多い場合は冒頭のinputが多すぎると混乱してしまうので、まずはレベル1を使って、ロボット接続、サーボモーター、LEDライト、ブザーの使い方を説明するくらいが丁度よいかと思います。作品をつくる過程で進捗の早い班から「繰り返し動かしたい」「条件によって動きを変えたい」という要望が出てきた場合にレベル2の使い方を教えてもよいでしょう。中間発表のタイミングで子どもからレベル2について発表してもらうと更によいです！

ここがポイント ②ブロックが繋がっているかの確認　　額田

時々ブロックが繋がっているはずなのにブロックが内容通り動かない場合があります。その場合、ブロックが繋がっていない可能性があります。ブロックがキチンと繋がると、「カチャ」という音がして、ブロックの色が若干濃くなります（繋がっていないブロックは若干色が薄いです）。子どもたち自身で確認できるように、タブレットやPCの音量をONにしておくことをオススメします。

ここがポイント ④テーマの設定　　額田

あえて「学校PR」のようにテーマを設定することにより、アイデアが出しやすくなる場合があります。「何か面白い話をして！」よりも「学生時代の部活の面白エピソード話して！」の方が話しやすい原理と同じです。テーマ設定をする際に注意すべき点は「共通認識されている内容か」と「範囲が広すぎたり狭すぎたりしていないか」という点です。プログラミング自体が新しい情報になる学校が多いと思いますので、テーマはアイデア発想のサポートになるようなものにしましょう。

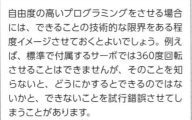

学校 PR に合ったデザインを考える。

○班の友だち同士で作品を見合い、アイデアを共有したり、教え合ったりするよう伝える。

○気になった作品は、仕組みも確認するように伝える。❺

活動〈3〉 **友だちの作品を鑑賞する。**

どうやってつくったのかな。

あの動きはたぶん、こうプログラムしている。❻

○色や形、動きを工夫して表すことができた班の作品を紹介する。

○自分たちの班の作品だけではなく、友だちの班の作品の良さ、面白さなどの気付いたこと、感じたことを記入するよう伝える。

活動〈4〉 **鑑賞したことを生かす。**

●友だちの班がつくったプログラムを生かして、もう一度取り組む。

●改善したもので再度、鑑賞する。

活動〈5〉 **振り返り。**

●感じたことを振り返りシートに書く。

●感想を発表する。

友だちの発表を見て、自分の作品に生かします。

本授業で使用したもの

【児童】
●グループ分embot本体セット(乾電池含む)
●グループ分iPad
●ワークシート
●音源：校歌
●装飾：画用紙・ダンボール・粘着テープ類・はさみ・わた・モール・ボンドなど

【教師】
●モニター／プロジェクター、Lightning - Digital AV アダプタ、HDMI ケーブル

光、音、動きを制御し、共に創造する

単元名 プログラミング言語『embot』を使って

筑波大学附属小学校　仲嶺盛之 先生

■ 本単元で身に付けさせたい力

生活の中にコンピュータが溶け込み、多くの人の幸せにつながる課題解決に向けた革新が進む。子どもたちが将来、より皆の幸せを考える側にいて欲しいと願う。コンピュータとの共存で人にとって創造性を発揮できる時間と場所が増えたことを恩恵とし、本研究ではコンピュータとともにつくった意味や価値の共有に挑む子ども集団を育む可能性を探りたい。子どもたちが将来の自己実現の1つとして、コンピュータの制御を選択するきっかけとしたい。

コンピュータは人の命令で動くが、できたものの意味や価値を判断するのは人自身の感覚や感性である。更にはコンピュータと共存することはいくつもの思考判断を同時に決定できる、人ならではの思考のメカニズムを知ることでもある。曖昧さや間違い、更には偶然性をも味方にできるブリコラージュな的な発想など、コンピュータにはなしえない人固有の感覚や感性の尊さこそ、創造性の萌芽である。本提案は図画工作科から発展し、プログラミングを取り入れた表現活動を通し、子どもたちの探求する姿を目指す。

■ 単元の構成

1、2時　embotを扱う条件を確かめ、可能性を探る。
3時(本時) 互いの作品の鑑賞から良さを取り入れ、互いの意味を変容させる。
4〜6時　プログラミングの可能性を広げ、更なる自分たちなりの表現を探求する。

■ 題材のねらい

・embotのプログラミングを取り入れた作品を試した前回の振り返りから、仲間と共に構造や表現の意味などを考えることを通し、基本的な操作を確かめながら発想・構想を重ね、自分たちの表現を探求する（知識及び技能）、（思考力・判断力・表現力など）。

・互いの試したembot作品の色合いや音、動きの良さ、感じられる意味などを評価し合ったり、感じた良さを取り入れたりすることを通して自分の意味を変容させ、より自分たちらしい表現価値に高めていこうとする（学びに向かう力、人間性など）。

活動〈1〉 鑑賞①（活動の見通しを共有する）

- 仲間の作品を鑑賞しその構造をともに探る。
- 相互交流し活動条件を見出す。自分との違いや気付きなどを出し合い、活動の見通しをもつ。
- 自分たちの問いを構成するきっかけとする。
- 「あの動きはどう命令すればつくれるかな」などの反応に注意。❶
○ 課題から自分たちの問いに繋げる。
　仲間の作品の構造を探らせることで見通しを持たせ、意欲や必然性・切実感を高める。❷
　プログラミングの効果を根拠に、アイデアのやり取りを整理し、全体に共有させる。

ここがポイント ❶ embot工作のつくり始め 前田

embotの工作の始め方は大きく下記2パターンに分けられます。
①よく分からないが、サーボモーターやLEDライトに材料をくっつけて動かしてみて、何に見えるか考えてみる。
②理想形を思い描いてから、その理想に近づくように工作していく。
好奇心旺盛で活発な子どもが多い場合は①、慎重で頭脳派な子どもが多い場合は②が相性が良いですが、あえて逆のアプローチで進行するのもオススメです。

ここがポイント ❷ プログラミング的思考 安藤

他者が意図した一連の活動を、プログラムの構造としてどのように構成されているかを推論することは中々難しいものですが、パターンを見つけたり、基本的な処理の種類を知ることで気付きやすくなります。思考力ですので繰り返し考えることで「考え型」が身に付いていきます。

活動〈2〉 課題把握から自己対話へ。❸

- 活動条件から互いの考えを試す。
　「命令する角度の違いで動きが変わる」「付け足す材料の違いで不思議な感じが出せた」「君たちのプログラムを参考にしてみる」などの反応に注意。
○ 鑑賞活動を活性化させる①
　子どものこだわりや葛藤などを適宜取り上げ、全体に広げ共有を図る。
　仲間と違う視点を提案しようとする子どもをみとり、考えを整理し全体に広げる。

ここがポイント ❸ プログラミング的思考 安藤

自己対話は、プログラムを作るときだけでなく、意図した結果にならなかった場合に正しくなるように修正する「デバッグ」においても重要になってきます。
プログラミングで意図しない結果になった場合は、必ず何か原因があります。その点でプログラムは非常に論理的なのです。
自分が意図した動きをプログラムの命令で表現するわけですが、その「翻訳」作業には自分の曖昧な考え方を明確にする必要があったり、実際にコンピュータで動かしてみないと結果が予想できないことがたくさん出てきます。これがコンピュータに対する「デジタルな言語活動」であり、これを充実させるためには自己対話が必要で、自己対話の中でプログラミング的思考が刺激されていきます。

鑑賞②
（仲間との対話から再考、吟味する）

● 試した方法を鑑賞し合い、評価し合う。
「○○の動きにするには何を加えればいい
かな」などの反応に注意。
○鑑賞活動を活性化させる②
互いに評価し合おうとする声をみとり、と
もに考える成就感ややりがいに繋げる。
あえて批評し合う声をみとり、価値づけ、
学ぶ実感に繋げる。

動きからテーマをつくる。

様々試行錯誤しながら、つくることができる。

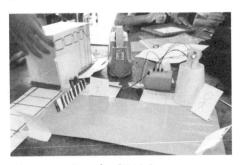

踏切をイメージしてプログラムした。

本授業で使用したもの

- embot
- iPad（児童用16台、教師用）
- PC
- プロジェクター
- 画用紙
- ストロー
- 紙コップ
- つづりひも
- セロハンテープなどの工作材料
- 単4電池

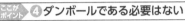

ここが
ポイント **④ ダンボールである必要はない**   額田

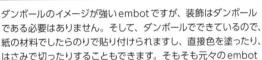

ダンボールのイメージが強いembotですが、装飾はダンボール
である必要はありません。そして、ダンボールでできているので、
紙の材料でしたらのりで貼り付けられますし、直接色を塗ったり、
はさみで切ったりすることもできます。そもそも元々のembot
のダンボールを使わなくてもよいです。ダンボール外装だけ別
売りもしておりますので、子どもの創造力に歯止めをかけず、
どんどんカスタマイズしてみてください。

及川卓也 おいかわ たくや

PROFILE
● Tably株式会社 代表取締役
● 著書：『ソフトウェア・ファースト〜あらゆるビジネスを一変させる最強戦略〜』（日経BP）ほか

私に科学技術の楽しさを教えてくれたのは父だった。土木設計技師だった父は子どもの扱いに慣れておらず、母が不在の日などはまだ小さかった私とのコミュニケーションに苦労していた。私も無口で怒ると怖い父とどう接してよいか分からず、母が帰ってくるのを待ちわびていた。しかし、ある日から父との関係が一気に縮まった。それは技術者だった父が私に工作をしてくれたのがきっかけだった。割り箸鉄砲だったり、牛乳瓶の蓋を車輪に使った輪ゴムを動力として動くおもちゃの車だったり、いろんなものをつくってくれた。それがきっかけとなり、工作が好きになった私は、小学校高学年にもなると、鉱石ラジオやトランジスタラジオなど電子工作にものめり込むようになった。

社会人になり、コンピュータ関連の仕事についた後、何度か子どもたちにプログラミングを教える機会にも恵まれた。その中で子どもたちが目を輝かせるものにある共通の特徴があることに気が付いた。それは楽しいことと、手で触れるものであることだ。以前は、ブラウザで動作するゲームなどが人気だった。しかし、これは手で触れない。スマートフォン登場で子どもたちの食いつきは格段に良くなった。

自分でつくったものが掌に収まり、スマートフォン本体を傾けたり、画面を自分の指先で操作することで、動きを変えることができるからだ。

タンジブルという言葉がある。実体があり、触ることができるというような意味だ。まさに、このタンジブルな要素こそが子どもたちの琴線に触れるものだった。考えてみると、父がつくってくれた割り箸鉄砲や輪ゴム駆動の車などがまさにタンジブルで、私に科学技術の面白さを気づかせてくれたもの、そのものだった。

子どもが大好きなロボットもタンジブルの代表とも言える存在だが、これをプログラムから動かすことを可能にしたのがembotだ。しかも、ダンボールだ。これが良い。なぜか。自らのちょっとした工夫で創造性をくまなく発揮できるからだ。高価なロボットは子どもたちには不要だし、逆に害とさえなりうる。創意工夫を育むのは渇望だ。お金が無いなら無いで工夫が必要となる。

このembot、登場以来進化を続けている。Webで提供されている天気やニュース情報と連動させることも可能となった。スタートしたばかりの小学校のプログラミング教育もこの後、進化していく必要があるが、embotは教育現場での教材としても、ともに進化し続ける良きパートナーとなっていくことだろう。

第**4**章

学習指導案
資料編

第2学年
国語 学習指導案

●場　所：2組　教室
●授業者：大久保達郎

1．単元名

うごくお話「自動ペープサート（紙人形劇）」

2．単元について

〈**本単元に関わる主な既習事項**〉
- タブレットPCの準備や起動をすることができる。
- スライドやタップなどの基本的な操作をすることができる。

〈**本単元で身に付けさせたい力**〉
- 表現したいお話を、1つ1つの動きに分けて考える力（分解して考える力）
- 意図した動きをさせるための手順を考えたり、見直したりする力（順序立てて考え、振り返る力）

　本単元は、embotを用いて、画用紙に描いた絵を自動のペープサートのように動かす活動に取り組ませる。embotは、指示ブロックを繋げることでサーボモーターを動かしたり、LEDライトを光らせたりすることができる。そこで、サーボモーターの動きを利用し、絵をembotに貼り付けて、動かしていく。絵の動かし方を考えて指示を出しながら、自分の思うような絵の動き（お話）になるように取り組ませる中で、指示をする順序を考えたり、順序を修正したりする力を高めたりさせていく。

3．ICT活用・環境整備

準備物	■教師：タブレットPC30台（アプリembotをダウンロードしたもの）、embot 30台、電子黒板、掲示物、画用紙、ダンボール ■児童：筆記用具、色鉛筆
場所	教室（電子黒板を教室前方に用意する。）

4．単元の構成と時間配当（3時間扱い　本時　3／3）

次	時	◎学習のねらい・主な学習活動
一次 つかむ	1	◎絵を動かす仕組みを知り、embotを操作しながら基本的なプログラムの組み方を学ぶ。 ■試作を見せ、絵を動かす仕組みを知り、活動の見通しを持つ。 ■タブレットPCとembotの無線の繋ぎ方や、操作方法を確かめる。
二次 広げる	2	◎3つの場面をもとにしながら簡単なお話をつくる。 ■embotの動きや場面絵をもとにしながら、お話を考えて文章で表現する。
二次 伸ばす	3	◎つくったお話をもとに、場面に合った登場人物（ペープサート）の動きをプログラミングしたり、動きをもとに続きのお話を考えたりする。 ■つくったお話を見合ったり、紹介し合ったりする。

5．本時の学習

（1）本時のねらい

　お話をもとにペープサートを動かしたり、ＬＥＤライトを光らせたりするプログラム
を組む活動を通して、指示の順序を考えたり、順序を修正したりすることができる。

（2）学習過程

主な活動の流れと子どもの活動	活動にあたっての留意点
活動の見通しを持つ ●場面絵をもとに動きを考える。 ●話の順序を捉える。	1. 3枚の場面絵を提示し、話に順序があることを確認する。各場面の動きや変化をもとに、どのような指示をどのような順序で出せばよいかを話し合う。そうすることで「動き→点灯（LEDライト）→動き」など順序があることを意識して活動に取り組めるようにしていく。
活動1 ●プログラミング（指示ブロックを組み合わせて）でペープサートを動かす。	2. タブレットPCとembotを無線で繋ぎ、活動を始めさせる。正常に動いていることを確認し、不具合が生じた場合は、予備のembotを使用させる。指示の仕方が分からない児童には、机間指導をしながらブロックの繋げ方を声掛けしたり、友達同士で教え合ったりしながら活動できるようにする。
●「順序」を観点に友だちのペープサートの動きを見る。	3. お話の順序を踏まえて指示をしている子どもを取り上げ、指示と話の順序を関連付けて見せることで、意図的にプログラミングできているかを振り返らせていく。
活動2 ●プログラミングでペープサートを動かす。	4. 自分のペープサートの動きが考えていた話に合う順序になっているかを観点に見直させる。また、進度が速い児童には最後の場面の続きを考えさせ、つくったプログラムに付け加えさせていく。
振り返り ●ペープサートの動きを見合う。 ●本時にできたことを振り返る。	5. ペアやグループで動きを見合わせることで、お話と指示の順序を関連付けて動かしたり光らせたりできたこと振り返らせ、活動に満足感を持たせるようにする。また、「動かす」だけでなく、「光らせる」こともプログラミングでできたことを振り返らせることで、テレビや信号機などに生かされていることにも気付かせるようにする。 ※指示の順序を考えたり、順序を修正したりすることができたか。（観察・プログラム）

第2学年
図画工学科 学習指導案

●場　所：2年　教室
●授業者：八嶋孝幸

1．単元名

棒人間のダンスパーティー　（A表現（1）ア、（2）ア　プログラミング教育B分類）

2．単元の目標

（1）●自分の感覚や行為を通して、形や色、動きなどの面白さや楽しさについて理解する。
　　●手や体全体の感覚などをはたらかせ材料や用具を使い、表し方を工夫して、創造的につくったり表したりする。

（2）●プログラミングの機能や、材料や用具の特徴から造形的な面白さや楽しさ、表したいことなどについて考え、楽しく発想や構想をしたり、自分たちの作品から自分の見方や感じ方を広げたりする。

（3）●プログラミングの機能を生かして棒人間のダンスを表すことに取り組み、つくり出す喜びを味わい、楽しく表現する学習活動に取り組もうとする。

3．単元の構成

1時　棒人間のつくり方やembotの使い方について知り、いろいろ試しながら慣れ親しむことができる。

2時　embotの仕組みを生かして，工夫しながら楽しく面白い棒人間のダンスをつくることができる。

4．本授業で使用した物

embot、タブレット、カラーモール、WikkiStix※

※のりや粘着テープ不要で好きな形がつくれて立体にもできるアメリカの工作道具。Omnicor,incによって製造、販売されている。

5．評価規準

知識・技能	思考・判断・表現	主体的に学習に 取り組む態度
■自分の感覚や行為を通して、形や色、動きなどの面白さや楽しさについて理解する。 ■手や体全体の感覚などを働かせ材料や用具を使い、表し方を工夫して、創造的につくったり表したりする。	■プログラミングの機能や、材料や用具の特徴から造形的な面白さや楽しさ、表したいことなどについて考え、楽しく発想や構想をしたり、自分たちの作品から自分の見方や感じ方を広げたりする。	■プログラミングの機能を生かして棒人間のダンスを表すことに取り組み、つくり出す喜びを味わい、楽しく表現したりする学習活動に取り組もうとする。

6．指導にあたって

　　本題材は、学習指導要領のA表現（1）ア「造形遊びをする活動を通して、身近な自然物や人工の材料の形や色などをもとに造形的な活動を思い付くことや、感覚や気持ちを生かしながらどのように活動するかについて考えること。」及びA表現（2）ア「造形遊びをする活動を通して、身近で扱いやすい材料や用具に十分に慣れるとともに、並べたり、つないだり、積んだりするなど手や体全体の感覚などを働かせ、活動を工夫してつくること。」を受けて設定したものである。

　　児童は線材（WikkiStix, カラーモール）でつくった棒人間をサーボモーターに連結し、タブレット端末でプログラミングをして動かす。イメージしたダンスに近づけるためにプログラムを見直したり、棒人間の形や色などを工夫したりしながらつくり、つくりかえ、つくるという学習プロセスをたどる。プログラミングの工夫をすることと表現の工夫をすることを往還しながら、自分の見方や感じ方を広げられるようにしたい。

7．教科の学習とプログラミング教育の関連

　　本題材においては、プログラミング環境embotを使用し、棒人間のダンスを表す。児童は線材でつくった棒人間をサーボモーターと連結して動かしながらイメージをもち、より面白く楽しいダンスを追究していく。

　　サーボモーターの動きによって生み出されるいろいろなダンスからイメージを広げ、プログラミングやつくるものの形や色の工夫を繰り返し行うことを通して、図画工作科の学びとプログラミング的思考を相関的に深めていけると考える。

8．展開

分	学習活動	○指導上の留意点☆評価
0	**1.棒人間のつくり方について知り、いろいろ試しながら慣れ親しむ。**	○線材を使用して棒人間をつくり、いろいろな動きを試すようにする。
5	**2.embotの使い方について知る。** ● embotとタブレット端末の接続。 ● サーボモーターの動かし方の確認。 ● ○秒待つの効果の確認。	○1グループ4人で活動する。 ○プロジェクターでミラーリングした画面を投影しながら、アプリケーションの使い方を確認する。 ○友だち同士でアイデアを出し合い、協力しながらつくることを伝える。
10	**3.学習課題をつかむ。** **embotのしくみを生かして、楽しく面白いぼう人間のダンスをつくろう。**	○サーボモーターと棒人間の組み合わせ方の例を提示する。
15	**4.プログラミングをしながらダンスをつくる。** ○足が大きく動くようにしたいな。 ○2つのモーターに1人ずつをくっつけて、2人でダンスをしているようにしたら楽しそう。 ○サーボモーターへの取り付け方をいろいろ試してみよう。	○20秒程度のダンスをつくるように伝える。 ○何度も試しながら形や色、動きを工夫するように促す。 ☆プログラミングの機能や、材料や用具の特徴から造形的な面白さや楽しさ、表したいことなどについて考え、楽しく発想や構想をしたり、自分たちの作品から自分の見方や感じ方を広げたりしている。【思考・判断・表現】（観察・対話・造形物） ☆手や体全体の感覚などを働かせ材料や用具を使い、表し方を工夫して、創造的につくったり表したりしている。【技能】（観察・対話・造形物）
70	**5.鑑賞をする。** ○体の動きが大きくて面白い。 ○逆立ちして付いているのが面白い。 ○2人の組み合わせで楽しい感じになっている。 ○棒人間の腕や足を曲げてリアルな感じになっていてすごい。 ○みんなで動かすと楽しいね。	○グループごとに鑑賞する。 ○つくったダンスのよさを具体的に伝え合うようにする。 ○棒人間のダンスを真似しながら、体全体の感覚を使って鑑賞できるように促す。 ☆自分の感覚や行為を通して、形や色、動きなどの面白さや楽しさについて理解している。【知識】（観察・対話・造形物）
80	**4.振り返り。**	○題材を通して学んだことを自覚させ、今後に生かせるようにする。

第3学年
社会科 学習指導案

●場　所：3年　教室
●授業者：金髙俊哉

1．単元名

事故や事件からくらしを守る（発展「信号機のプログラムを考えてみよう」C分類）

2．単元の目標

○事故や事件から地域の安全を守る働きについて、施設・設備などの配置や役割、警察署による緊急時への備えや対応などに着目して、見学・調査したり地図などの資料で調べたりして、まとめることで関係機関や地域の人々の諸活動を理解する。

○相互の関連や従事する人々の働きを考え、表現することを通して、警察署などの関係機関は、地域の安全を守るために、相互に連携して緊急時に対処する体制をとっていることや、関係機関が地域の人々と協力して事故の防止に努めていることを理解できるようにする。

○主体的に学習問題を追究・解決しようとする態度や、学習したことをもとに地域や自分自身の安全を守るために自分たちにできることなどを考えようとする態度を養う。

3．単元の評価規準

知識・技能	思考・判断・表現	主体的に学習に取り組む態度
①施設・設備などの配置、警察署による緊急時への備えや対応などについて見学・調査したり地図などの資料で調べたりして、必要な情報を集め、読み取り、関係機関や地域の人々の諸活動を理解している。 ②調べたことを地図や文などにまとめ、関係機関が地域の人々と協力して事故などの防止に努めていることを理解している。	①施設・設備などの配置、緊急時への備えや対応などに着目して、問いを見出し、関係機関や地域の人々の諸活動について考え表現している。 ②連携・協力している関係機関の働きを比較・分類、または結びつけて、相互の関連や従事する人々の働きを考えたり、学習したことをもとに地域や自分自身の安全を守るために自分たちにできることなどを考え、選択・判断したりして、適切に表現している。	①地域の安全を守る働きについて、予想や学習計画を立て、学習を振り返ったり見直したりして、学習問題を追究し、解決しようとしている。 ②学習したことをもとに地域や自分自身の安全を守るために自分たちにできることなどを考えようとしている。

プログラミング学習の評価規準

論理思考力	プログラミングの技能
①意図したことを実現するために、必要なプログラムを筋道を立ててつくり上げている。	①プログラミングアプリケーションを使い、ランプを点けたり消したりするプログラムをつくる。 ②ランプが点いている時間を制御するプログラムをつくる。

4．単元について

（1）単元観

本小単元は、学習指導要領の第3学年及び第4学年の目標(1)(3)、内容(4)アイに基づいて設定した。

『小学校学習指導要領　社会科』　第3学年の目標(1)(3)

> (1) 身近な地域や市区町村の地理的環境、地域の安全を守るための諸活動や地域の産業と消費生活の様子、地域の様子の移り変わりについて、人々の生活との関連を踏まえて理解するとともに、調査活動、地図帳や各種の具体的資料を通して、必要な情報を調べまとめる技能を身に付けるようにする。
>
> (3) 社会的事象について、主体的に学習の問題を解決しようとする態度や、よりよい社会を考え学習したことを社会生活に生かそうとする態度を養うとともに、思考や理解を通して、地域社会に対する誇りと愛情、地域社会の一員としての自覚を養う。

『小学校学習指導要領　社会科』　第3学年の内容(3)アイ

> (3) 地域の安全を守る働きについて、学習の問題を追究・解決する活動を通して、次の事項を身に付けることができるよう指導する。
>
> ア　次のような知識及び技能を身に付けること。
>
> （ア）消防署や警察署などの関係機関は、地域の安全を守るために、相互に 連携して緊急時に対処する体制をとっていることや、関係機関が地域の 人々と協力して火災や事故などの防止に努めていることを理解すること。
>
> （イ）見学・調査したり地図などの資料で調べたりして、まとめること。
>
> イ　次のような思考力、判断力、表現力等を身に付けること。
>
> （ア）施設・設備などの配置、緊急時への備えや対応などに着目して、関係機関や地域の人々の諸活動を捉え、相互の関連や従事する人々の働きを 考え、表現すること。

　本小単元では、地域社会における事故防止のため身の回りの施設や事故防止の取り組みに従事する警察や地域の人々の工夫や努力を調べることを通して、地域社会の安全を守るために人々が協力し合っていることに気付き、自分もその一員として安全な生活の維持について考えられるようにする。

（2）教材観（プログラミング学習との関連）

　　事故防止や防犯のための工夫は、児童の身の回りに多くある。しかしながら、児童は日頃、そのことをあまり意識せずに生活している。今回の学習を通して、こうした施設の役割や工夫、事故防止のための日々の取り組みに意識を向けさせる。児童が事故を防止するための様々な施設の働きや、人々の活動について調べる活動を行うことを通して、地域の人々が互いに協力・工夫をして、安全を守っていることに気付き、児童自身が地域社会の一員としての自覚をもてるよう導いていく。

　　今回の単元の終わりに発展学習として、「信号機」の動きをプログラミングによって制御することを設定した。事故防止のための施設の中でも児童にとって身近な「信号機」。その動きは、プログラムによって制御されている。このプログラミング学習を通し、自分たちの身の回りの様々なものにプログラムが利用されていることや、そのプログラムにも様々な工夫がなされていることに気付かせたい。

　　プログラミングでは、「embot」という教材を使用する。「embot」は、基本的なコアに部品を付け、それを専用アプリのプログラムで動かすプログラミング学習用の教材である。

　　この教材の大きな特長は、外装がダンボールで作成できるため、ロボットを含め、子どもたちのアイデアを形にしやすいという点が挙げられる。

　　また、本時でも使用する授業サポート用の資料を含め、映像教材が充実していることも大きな特長である。今後、あまりＩＣＴに詳しくない教員でも、この資料を提示しながらプログラミングの授業が展開できるようになることを期待している。

　　今回は、社会科の「安全なくらしと町づくり」の学習の発展として、安全を守る施設の１つである、信号機を動かすプログラミングについて考えさせ、実際に歩行者用の信号機を動かすプログラミングを行う。

　　授業の前半には、「プログラム」や「プログラミング」についての知識や町の中にあるプログラミングで動いているものを探す等の活動を取り入れ、児童に「プログラミング」の重要性にも気付かせたい。

5. 学習指導計画（13時間扱い） ※1～11時は実践授業ではありません

次	時	学習内容	指導上の留意点	◇評価【評価方法】
1.つかむ	1	○グラフから読み取ったことをもとに、交通事故を防ぐための取り組みについて関心をもつ。	●グラフの大まかな特徴を捉えられるよう、グラフの読み方を示す。	◇交通事故の実態について意欲的に調べようとしている。【ノート】
2.調べる	2	○学校や家の周りの交通事故を防ぐための施設を調べ、記録する。	●安全に留意しながら地域を巡る。 ●タブレットを活用し、写真も撮影させる。	◇交通安全施設の様子を意欲的に調べ、記録している。【学習カード】
	2	○調べてきた交通安全施設の様子を発表し、気付いたことや考えたことを話し合う。	●交通安全施設を観点ごとに分類して黒板に示し、設置されている理由やその工夫を考えられるようにする。	◇施設が道路事情に応じて設置されていることやその施設の特徴を理解している。【発言】
	3	○警察官の様々な写真から、警察署の人々の仕事に関心をもち、調べる計画を立てる。	●資料を示すことで、児童の身近な社会事象を想起させ、関心をもたせる。	◇資料を読み取り、調べたいことを表現している。【ノート】
	4 5	○警察署を見学し、警察署の仕事について調べる。	●見学が難しい場合は、オンラインでの実施も検討する。 ●聞きたいことを事前に準備する。	◇見学して分かったことをメモに記録している。【ノート・記録用紙】
	6	○調べて分かったことを発表し、警察署の人々の仕事をまとめる。	●関係諸機関との連携についても目を向け、まとめさせる。	◇交通事故を防ぐための警察署の仕事を理解している。【発言・ノート】
	7	○地域の人々が協力して地域の安全を守っていることを理解する。	●児童に身近なものを示して地域との繋がりを実感させる。	☆写真を示し、想起しやすくする。 ◇交通事故を防ぐための地域の取り組みを理解している。【ノート】
3.表現する	8 9 10	○交通安全を呼びかけるポスターで表現する。	●思った通りにプログラミングできないときは、①手引を見る。②友だちに聞く。③先生に聞く。の手順で解決するよう示す。	◇交通安全を呼びかけるための適切な表現方法を考え取り組んでいる。【作品】
4.まとめる	11	○できたポスターを発表し合い、自分が地域の安全な生活のためにできることは無いか考える。	●工夫したところを発表させてから、ポスターを見せるようにする。 ●ポスターを見た感想を交流させ、安全な生活を維持する意欲をもたせる。	◇交通安全ポスターをもとに、自分が地域の安全のためにできることを考えている。【ワークシート】
5.発展・本時	12 13	○歩行者信号機がどのようなプログラムで動いているかを考え、embotを使い、歩行者信号機の動きをプログラムする。	●パワーポイントを使用し、手順などを分かりやすく伝えるようにする。 ●どうすれば点滅するか、自分なりに試行錯誤させる。	◇身の回りには、プログラミングで動いているものが数多くあることに気付く。【発言・ワークシート】 ◇embotを使い、歩行者用信号機の動きをプログラミングすることができる。【観察】

6．本時（12・13時間目／13時間扱い）

（1）本時の目標

　「プログラム」「プログラミング」とは何かについて理解し、自分の身の回りでプログラムによって動いているものを知る。

　歩行者信号機がどのようなプログラムで動いているかを考え、「embot」を使い、実際に歩行者信号機の動きをプログラムする。

（2）本授業で使用したもの

●embot信号機セット　●ワークシート（別添）　●投影提示資料（別添）

（3）展開

◎学習活動	○支援・指導上の留意点 ☆教科などの評価 ★プログラミング教育の視点に関わる評価
◎「プログラム」とは何かを知る。 　●運動会のプログラムの提示。 ◎「プログラミング」についての知識を学ぶ。 　●正しい順序が大切。 　●原則1つの動きに対して1つの命令。	○身近にある「プログラム」から、その意味を結びつけさせる。 　●授業補助資料（パワーポイント資料）を活用する。 ★「プログラミング」とは何かを知る。
◎身の回りでプログラミングによって動いているものを探す。 　●街灯　●信号　●スマートフォン　●自動販売機	○町の様子の絵を提示し、その中から見つけさせる。 ★身近な生活でコンピュータ（プログラム）が多く活用されていることに、気付く。
◎歩行者用の信号機には、どのようなプログラムが必要か考える。 　●赤の電気を点ける。 　●赤の電気を消す。 　●青の電気を点ける。 　●青の電気を消す。 　●青の電気を点滅させる。 　●電気が点いている時間を指定する。	○実際の歩行者用信号機の様子を映した動画を見て、どのようなプログラムがされているかを考えさせる。
◎歩行者用信号機のプログラムを作成する。 　●ダンボールの信号機を組み立てる。 　●embotの配線の仕方を知る。 　●アプリの使用方法を知る。	○2人1組で作業をさせる。 ○動画を見せて支援をする ○アプリの操作方法は、実物投影機で指導する。 ○実際の信号機の動きの動画を何度か見せて考えさせる。 ★自分が意図する一連の動きを実現するためにどのような動きの組み合わせが必要であり、どのようにプログラムをつくればよいかを試行錯誤しながら考えている。 ○支援が必要なグループは、個別に対応する。
◎振り返りをする。 　●プログラミングをしての感想をワークシートに記入する。 　●書いたことを発表する。	☆本時の学習について振り返り、気付いたことや感想を書いている。 （ワークシート）

（4）評価

　○身の回りには、プログラミングで動いているものが、数多くあることに気付く。

　【発言・ワークシート】

　○embotを使い、歩行者用信号機の動きをプログラミングすることができる。【観察】

第3学年
総合的な学習の時間 学習指導案

●場　所：3年　教室
●授業者：黒田 充

1. 単元名

大好き。わたしたちの大田原市

2. 単元の目標

ロボットが、実社会でどのように活用されているか調査することで、生活とプログラミングの関係について知り、将来の自分や社会での生き方と繋げて考えることができる。

3. 評価規準

知識・技能	思考力・判断力・表現力等	学びに向かう力・人間性等
大田原市も情報科学を取り入れ、安全に住みやすい町づくりをしていることを知ることで、よりよい町づくりのための課題に気付くことができる。	町づくりへの市としての思い、地域の人々の願いを知り、立場の違いに注目してその理由を明らかにして、それぞれの考えを解決する方法を工夫することができる。	自分とは異なる意見について、先入観に捉われること無く、その人の立場に立って共感的に粘り強く、その意図や論理の筋道等を理解しようとしている。

4. 単元について

3学年社会の「地域学習」「地域の人々の仕事」「土地の活用」の学習や、「総合的な学習の時間」での市の施設見学を通して、大田原市の良さを知ることができた。さらに、プログラミング体験から、家庭や地域など自分の身の回りにコンピュータが利活用され、その恩恵を受けていること、さらには自分たちで社会を作り上げていく可能性を実感することができた。

本単元では、その学びを生かし、大田原市の町づくりをテーマに地域の良さを保ちながら、科学技術を加えることで、より良い大田原市にしようとする。

5. 教科の学習とプログラミング教育の関連

社会科での地域学習などで、子どもたちは大田原市の現在の様子について理解を深めてきた。これまで学んだことをもとに、未来の大田原市をより良くすることを課題として、総合的な学習の時間の中で子どもたちが探究的な学習を進めていく活動を設定した。この学習をとおして、地域の一員としての意識をより高めていきたい。

今後の社会は、コンピュータをはじめとする技術の利活用を抜きに考えることはできない。実際にプログラミングを体験することによりプログラミング的思考を育成していくとともに、「小学校プログラミング教育の手引」にもねらいとして示されている「プログラムの働きやよさ、情報社会がコンピュータ等の情報技術によって支えられていることなどに気付くことができるようにするとともに、コンピュータ等を上手に活用して身近な問題を解決したり、よりよい社会を築いたりしようとする態度を育むこと」が実現できるようにしていきたい。

6．学習指導計画（全8時間）

時	学習活動	留意点・評価
1	ロボットが活躍する場面を知る。 身近なロボットを見付け、どのようなはたらきをしているか知る。	◇「総合的な学習の時間」で、地域学習を行い地域の良さを発見した。そこから、より良く、住みやすい町づくり（大田原市）をするためには、どのようにテクノロジー（ロボット）を生活に取り入れていけばよいかを考える。
2	自分（グループ）の知りたいロボットを決定し、それについて調べる。	◇身近にあるテクノロジーを見直す。
3	ジグソー法により、他へ発表する。 地域に必要なロボットを考える。	◇そのロボットがあることでどのように変容するか。より良くなるのかを明らかにする。
4・5	ロボットの構想、製作 ▽ロボット工作、プレゼン資料づくり。	◇自分たちが考えたロボットの作成を行う。 ◇ロボットの機能だけでなく、フォルムについても考え、自由に工作する。
6	プログラミング	◇工作したembotの画像を取り込み、scratchで自分たちの考える動作や機能を表現する。 ◇embotで可能な動きを知り、自分たちの考えたロボットの機能の一部をプログラミングする。
7	まとめ	◇自分たちが考え出したロボットの存在が、自身の生活や地域をより良くするものになったかを振り返る。 ※発表プレゼンの内容の確認
8	発表・振り返り	◇開発者の額田さんにプレゼンする。自分たちの考え出した、地域をより良くするためのロボットの説明と、実現可能にするために必要な技術を提案する。

7．本時について

（1）目標

　　　自分たちが考えたロボットの特長と、実現可能にする技術を、周りの人に説明することができる。

（2）展開

分	学習活動	留意点・評価
0	■ **これまでの活動を想起する。** ● 身の回りや地域をより良くするロボットを考えてきた。 ● embot で実現できるよう工作したりプログラミングしたりした。	○embot を開発した額田さんを実際に紹介し、意欲を高める。
5	■ **課題をつかむ。** 　　**自分たちが考えたロボットを 　　しょうかいしよう** ● グループごとに場所とembotやタブレットを準備する。 ● 前半担当と後半担当に分かれて分担を確認する。	○事前に embot とタブレットの接続を確認する。 ○掲示資料はパネルに貼っておき、移動だけで済むようにする。
10	■ **以下のポイントを落とさずに発表する。（前半）** ● どんな機能があるか。 ● 実現すると身の回りや地域がどのように良くなるか。 ● 実際の動きを見せる。 ● プログラムを紹介する。 ● 実現できていないことを実現するためにはどんな技術が必要か。	○参観する際には、空いているところを選ぶ、進んで質問する、良いところを見つけるといったことを心がけるよう指示する。
25	■ **後半担当と交代する（前半と同様に実施する）** ● 身の回りや地域をより良くするロボットを考えてきた。 ● embot で実現できるよう工作したりプログラミングしたりした。	
40	■ **振り返り。** ● 各グループで考えたロボットの良いところを発表する。 ● プログラムで工夫していたところを発表する。	☆友だちの考えの良さを認め、自分の生活や地域をより良くすることにつなげて考えている。（発言）。

（3）評価

　　　自分たちのロボットの特長と実現可能にする技術の提案を発表し合い、身の回りや地域をより良くすることについて考えることができたか。

（4）本授業で使用したもの

　　　● embot　● embotアプリ　● タブレットPC　● scratch作品（自グループで作成）

　　　● プレゼンテーション資料（PCで発表用、プリントアウトして掲示用）

ひばり学級「自立活動」学習指導案

●場　所：ひばり学級
●授業者：山口禎恵

１．単元名

海の生き物を守ろう

２．対象児童

３年生 ３名

３．児童の実態

　　今回授業を行ったひばり学級は、自分の感情をうまく伝えられなかったり、相手の気持ちを汲めずコミュニケーションがとりづらかったりする児童が在籍するクラスである。昨年度、Viscuitを活用したこともあり、ICTを活用した学習の経験はあった。障がい特性ゆえ、他の子たちよりもできないことがあることで、自信を無くしてしまっていることが多いと感じている。「どうせ…」「できないから（失敗するから）やりたくない!」というような、失敗経験が先行してしまい自尊感情を下げ、新しい活動には消極的である。今回のような簡単な動画づくりで自分たちのやったことをまとめ、多くの人たちに発信する活動を通して、「ぼくたち、わたしたちもこんなことができるんだ!」「もっと、ぼく（わたし）ができることを知ってほしい!」というように、自尊感情を高めたい。このような成功体験を多くすることで、他の学習など学校生活のいろいろなところで頑張ることのできる土壌づくりができたらと考えた。

４．教材観

　　今回使用した「embot」は、ダンボール素材で容易に作成できるので、本学級の児童の特徴でもあるこだわりを細部まで表現できる適切な教材である。特にこだわりをもって、自身の世界観を表現したがる児童の多い中で、触れた感じなど五感に訴える刺激もあり、活動の動機づけに適している。児童は、グループ活動で embot を作成し動かす共同作業を通して、自立活動の「人間関係の育成」や「コミュニケーション」を高めることができる。また、動画撮影から視聴の過程で「心理的な安定」を試す場面が多々想定できる。プログラミングにおいては「アニメーション」の機能ブロックを活用することで、児童が意図したプログラムを再現できるし、意図した再現でなければ、容易に修正が可能なので「環境の把握」のトレーニングにもなりうる。また、これらの細かな作業は目と手の協応を活動のねらいとして据えることもできるので、自立活動に適した教材と考えた。

５．単元の指導目標

子どもたちの自尊感情を高める。
分別を間違えやすいごみを、周りの人にも知ってもらう。
この学習をとおして、地域の一員としての意識をより高めていきたい。

6．単元計画（全6時間）

時	学習活動	留意点・評価
1	●本日の流れをホワイトボードに記入（もしくは掲示）し説明する。（次回以降同じ） ●ウォーミングアップとして、5分程度でできるミニゲームに取り組む。（次回以降同じ） ●自分が守りたい海の生き物について、どんな生き物がいるか付箋に書いていく。	プラスチックを分別する理由を知り、自分が守りたい海の生き物を見つけることができる。
2	●教師以外の人が来て、説明してくれることについて事前に確認する。 ●外部講師（市の出前講座：環境衛生課の方）にプラスチックごみの分別について説明してもらう。 ●事前に準備しておいたごみを、グループに分かれて「プラスチックごみ」と「プラスチックごみではないもの（燃やせるごみ）」に分ける。	外部講師の話を聞いて、プラスチックごみの分け方を知ることができる。
3	●Viscuitを使って、海のプラスチック汚染から守りたい生き物を描いて動かしていく。 ●事前にViscuitに全員分サインインしておく。	守りたい海の生き物たちをViscuitで表現しよう。
4	●embotを自由に組み立て、装飾を付ける。	手順書に沿って、embotを組み立てることができる。
5	●embotの操作について、PowerPointでつくったスライドを使って説明していく。 ※ 前時（単元4時間目）で簡単な操作までやっておくと、この時間の活動がスムーズ。	embotに動きをつけることができる。
6 （本時）	●完成イメージ動画を見せる。 ●前回組んだプログラムを確認しながら、同じようにプログラムを組んでいく。 ●各自1分以内の動画を撮影する。	embotに自分の思うような動きをつけ、プラスチック分別の動画を作成する。

7. 本時について

a 目標
embotに自分の思うような動きをつけ、プラスチック分別の動画を作成する。

b 展開

時	学習活動	留意点・評価
1.あいさつ **2.本日の流れ説明**	●見通しがもてないと不安になる子どもたちもいるので、本日の流れをホワイトボードに記入（もしくは掲示）する。	
3.ミニゲーム	●ウォーミングアップとして5分程度でできるミニゲームに取り組む。	★勝ち負けにこだわる子がいるときは、運によって左右される
4.説明・活動	●完成イメージ動画を見せる。 ●前回組んだプログラムを確認しながら同じようにプログラムを組んでいく。	ゲームを取り入れる。負けた場合、「今日は運が悪かったね」と声掛け。
5.動画撮影	●各自が【Flipgrid】を使って1分以内の動画を撮っていく。 ●背景（フェルト）の色、プラスチックごみに関しては、自分で選べるよういくつか準備する。 　△スプーン 　△汚れたプラスチック（歯磨き粉のチューブ） 　△CD 　△ハンガー 　△歯ブラシ 　△プチプチ（気泡緩衝材） 　○錠剤の入れ物 　○レジ袋 　○アルミ箔付きプラスチック（お菓子の袋） ●動画撮影の場所をいくつか確保する。（教室内だけだと周りの声が入ってしまうので廊下なども含めて何箇所か用意する。）	★embotの手を無理やり回さないように、【気をつけの姿勢】（腕が90度真上）になるように常に意識できるようにしていく。 →視覚支援 ★サポートする教師は、手を出しすぎない。子どもに試行錯誤する時間を与える。（子どもによっては、ある程度ヒントを視覚的に与える。）
6.あいさつ	●次回の確認をして、おしまいのあいさつをする。	

c 評価　●embotに自分の思うような動きをつけ、プラスチック分別の動画を作成する。

　　　　●グループで教え合ったり譲り合ったりして、協力して作業を進めることができたか。（活動の様子の観察）

8. 準備物

embot（インターネット環境は不要）／ミニゲーム／PowerPointスライド／PC（人数分）／電子黒板

第４学年
理科 学習指導案

●場　所：４年　教室
●授業者：澤 祐一郎

1．単元名

電気のはたらき

2．単元の目標

　　モーターの回る向きや速さに興味をもち、電流の向きを変えると、モーターの回転する向きが変わることや、乾電池の数やつなぎ方を変えると、電流の強さが変わり、モーターの回る速さや豆電球の明るさが変わることなどを捉えることができるようにする。また、光電池を使ってモーターを回すことなどができることを捉え、乾電池（または充電式電池）や光電池で動くものをつくることができるようにする。

3．評価規準

自然事象への関心・意欲・態度	●乾電池や光電池に豆電球やモーターなどを繋いだときの明るさや回り方に興味・関心をもち、進んで電気の働きを調べようとしている。 ●電気の働きを使ってものづくりをしたり、その働きを利用したものを見つけたりしようとしている。
科学的な思考・表現	●乾電池や光電池に豆電球やモーターなどを繋いだときの明るさや回り方を関係づけてそれらについて予想を立て、表現している。 ●乾電池の数やつなぎ方、光電池に当てる光の強さを変えて、流れる電流の強さとその働きを関係づけて考察し、自分の考えを表現している。
観察・実験の技能	●簡易検流計などを適切に操作し、乾電池と光電池の性質を調べる実験やものづくりをしている。 ●豆電球の明るさやモーターの回り方の変化などを調べ、その過程や結果を記録している。
自然事象についての知識・理解	●乾電池の数や繋ぎ方を変えると、豆電球の明るさやモーターの回り方が変わることを理解している。 ●光電池を使ってモーターを回すことなどができることを理解している。

4．教材について

　　本単元導入部で、児童が学習意欲を高め追究の意欲を持続できるようモーターとプロペラを使用した簡単なものづくりの活動を行う。３年生で学習した豆電球から４年生のモーターを活用したプロペラになることで、電池の繋ぎ方によりプロペラの回り方に違いが生じることに気付く。ここから電流の流れに思考を繋げていく。そして単元終末で本教材「embot」を活用する。ものづくりの自由試作をする時間を取り、思いのままに試作したり、グループで交流したりすることによって、「遊び」の中から生じた疑問や驚きを自然事象や日常生活へと繋げていきたい。遊びから学習へと繋げていくことで、児童に充実感を味わわせながら、意欲を持続していけると考える。

5．教科の学習とプログラミング教育の関連

理科の学習指導要領には、第4学年　3　内容の取扱いに

> (2) 内容の「Ａ物質・エネルギー」の指導に当たっては、
> 2種類以上のものづくりを行うものとする。

と記述されている。Ａ領域の学習内容は、ともすれば抽象的になってしまうところから、学んだことを具体的な場面で活用するものづくりの活動が重視されているのである。

電池のはたらきについて学習したあとで、同じように電池を使って動くembotに触れ、自分が思ったとおりの動きをさせるためにはプログラムをつくる必要があることを知らせる。実際にプログラミングに取り組み、意図した動きを実現するために試行錯誤を重ねる体験から、電池で動くものもプログラムをつくって制御することによってより複雑な動作が可能になることを実感を伴って理解できるようになる。

6．指導計画（全12時間）

次	時	学習内容	◇評価【評価方法】
一	1	○身の回りで電気を利用したものについて話し合う。 ○乾電池とモーターを繋いでプロペラを回す。	○乾電池とモーターを繋いでプロペラを回したときの様子に興味をもち、進んでモーターの回る向きと電流の向きについて考えようとしている。
	2	○回路に簡易検流計を繋ぎ、電流の向きとモーターの回る向きを調べる。	○検流計を正しく操作し、乾電池の向きを変えると回路を流れる電流の向きが変わることを調べ、記録している。
	3	○乾電池の向きと電流の向き・モーターの回る向きとの関係についてまとめる。	○乾電池の向きを変えると電流の向きが変わり、その結果、モーターの回る向きが変わることを理解している。
二	4	○モーターでプロペラを回したり飛ばしたりする。	○プロペラをもっと速く回したり、高く飛ばしたりするためにはどうしたらよいかに関心をもち、進んで考えようとしている。
	5	○乾電池2個の繋ぎ方を考えて、プロペラが速く回る繋ぎ方を調べる。	○2個の乾電池を直列や並列に繋いでモーターを回転させ、その繋ぎ方とモーターの速さを記録している。
	6	○「直列つなぎ」と「並列つなぎ」という言葉を使って実験の結果を発表する。	○乾電池が1個のときと2個直列、並列に繋いだときの電気のはたらきを、電流の強さと関係付けて考え、説明している。
	7 8	○乾電池の数や繋ぎ方を変えて電流のはたらきを調べる。 ○乾電池の数や繋ぎ方と電流のはたらきについてまとめる。	○乾電池の数や繋ぎ方を変えたときの電流の強さを、検流計などを使って調べ、記録している。 ○乾電池の数や繋ぎ方を変えると、豆電球の明るさやモーターの回り方が変わることを理解している。
三	9	○光電池に光を当てて、光電池のはたらきを調べる。	○日光の当て方を変えて、光電池のはたらきを調べ、結果を記録している。
	10	○光電池のはたらきについてまとめる。	○光電池のはたらきの大きさの変化を、光電池に当たる光の強さと関係づけて考え、自分の考えを表現している。
四	11	○embotを使って作品づくりをする。	○学習を振り返りながら、embotを利用した作品を、意欲的につくろうとしている。
	12	○電気のはたらきについて学習したことをまとめる。	○乾電池の数や繋ぎ方によって電流の向きや大きさが変わり、豆電球の明るさやモーターの動き方が変わることを理解している。

7．本時について

（1） 目標

電気を使ったものづくりを通して、電気のはたらきへの関心をさらに深める。

（2） 展開

○主な学習活動　・児童の様子 ※T:教師　C：児童	□指導上の留意点　☆評価
1　電気のはたらきの学習について振り返る。 T:電気のはたらきの学習でやってきたことを確認しましょう。 C:電池(電流)の向きを変えるとモーターの回る向きも変わった。 C:電池を使った車をつくった。自分でもつくってみたい！ T:プログラムをつくると、もっといろいろな動きをさせることができます。	□誰でも発言できる場をつくる。 □ものづくりへの意欲が高まるよう、補助発問する。
2　課題を把握する。 　　電気を使って、 　　人の役に立つものを作ろう	
3　課題解決を図る。 （1）embotによる作品づくりをする。 　ⅰ　グループで製作を進める。 　ⅱ　グループごとにつくったものを発表する。 　ⅲ　お互いの作品について良さを見つける。 （2）教材と日常生活を繋げる（集団検討）。	□計画案の作成者を中心に、ダンボールのカスタマイズとプログラムづくりの担当に分けて製作を進めさせる。 ☆電池を使ったものづくりを通して、電池のはたらきへより深い関心をもっている。
4　学習を振り返る。 T:今日の活動を振り返って、分かったこと・気付いたことをまとめましょう。	

8．本授業で使用したもの

- ・embot 一式（各グループ分）
- ・タブレット（iPad）
- ・電池
- ・設計図（つくりたいもののイメージ図と解説文）
- ・カスタマイズするもの（モール、ペン、シール、ダンボール、色画用紙、色鉛筆）
- ・カスタマイズする道具（はさみ、のり、ボンド、ダンボールカッター）
- ・電気のはたらきキット内の部品（プロペラ、モーター、タイヤ等）

> # 第4学年
> # 音楽科 学習指導案
>
> ●場　所：4年　教室
> ●授業者：前多昌顕

1．単元名

日本の音楽に親しもう

2．単元の目標

・日本の音楽の雰囲気や特徴を感じ取りながら、民謡を聴いたり表現したりして日本に伝わる音楽に 親しむ。

・日本の音楽の特徴を感じ取り、リズム伴奏や旋律をつくったり友だちと合わせたりして音楽を楽しむ。

3．評価規準

関心・意欲・態度	日本の音楽に関心をもち、日本の音楽の特徴を感じ取りながら、聴いたり表現したりしようとしている。
音楽表現の創意工夫	日本の音楽を特徴付けている要素や音楽の仕組みを手掛かりとして思いや意図をもって旋律をつくったり繋げたりしている。
技能	5音音階の旋律に合うリズム伴奏や楽器を選び、友だちの楽器の音を聴きながら、自分の音を合わせておはやしを演奏している。
音楽の鑑賞能力	音楽を特徴づけている要素や音楽の仕組みを聴き取り、それらが醸し出す日本の音楽の雰囲気を感じ取りながら、日本の音楽に親しんでいる。

4．単元について

　　本単元は、小学校学習指導要領第3学年及び第4学年、「A表現」の指導事項（3）「イ 音を音楽に構成する過程を大切にしながら、音楽の仕組みを生かし、思いや意図をもって音楽をつくること。」「B鑑賞」の指導事項（1）「ア 曲想とその変化を感じ取って聴くこと。」の内容を受けて設定したものである。

　　児童はこれまでに「こきりこ」などの日本の伝統音楽を鑑賞する中で、日本の音楽の特徴を捉えている。本時では5音音階を用いて旋律やリズムなどを関連づけながらおはやしをつくることをねらいとしている。

　　本時では、5音音階で2小節の旋律をワークシートで作成した後プログラミングで旋律におこし、自分でも同じようにリコーダーで演奏したり、他の児童の作品も鑑賞したりする。目・耳・体で音を感じる設計を試みた。またつくった旋律をペアや学級で組み合わせて8小節の旋律をつくったり、それに動きを加えたりすることを通して、日本の音楽の良さや音楽をつくることの楽しさを味わうことができると考える。

5. 教科の学習とプログラミング教育の関連

プログラミング教育のねらいの大前提として、『小学校プログラミング教育の手引』には下記のような記述がある。

児童がプログラミングに取り組んだり、コンピュータを活用したりすることの楽しさや面白さ、ものごとを成し遂げたという達成感を味わうことが重要です。「楽しい」だけで終わっては十分とは言えませんが、まず楽しさや面白さ、達成感を味わわせることによって、プログラムの良さ等への気付きを促し、コンピュータ等を「もっと活用したい」「上手に活用したい」といった意欲を喚起することができます。

今回は5つの音の並び順とリズムを考え、それをプログラムに落とし込んでいくが、児童が試行錯誤を経て再現したい音楽をプログラムに落とし込む中で、コンピュータの性質を体感する。その点で、『小学校プログラミング教育の手引』の下記のような例示にも沿う授業であると考える。
B－① 音楽（第4学年）様々なリズム・パターンを組み合わせて音楽をつくることをプログラミングを通して学習する場面

本時の授業においては、児童が各々作成した2小節の旋律のプログラムを繋ぎ合わせることで1つの長い旋律をつくりあげる活動を通してパターンの組み合わせを体験しており、音楽を共創することの楽しさや音楽表現の楽しさを味わう機会としている。

6. 学習指導計画（全4時間）

次	学習内容	留意点・評価
1	おはやしのリズムを考える。	おはやしを形づくるリズムを理解し、楽曲の構造に気を付けて、旋律をつくる試行錯誤をしている。
2	3音で旋律をつくる。	ラドレの3つの音でおはやしの旋律をつくることに興味・関心をもち、思いや意図をもって音楽をつくる学習に進んで取り組もうとしている。 ※embotの組み立ては休み時間等に工面し、授業の中には取り組まない。
3 (本時)	5音で旋律をつくる。	リズムや音の組み合わせを工夫して、5音を使ってまとまりのある日本の旋律をつくることができる。
4	8小節の曲に仕上げ、embotに動きをつける。	旋律の動きとリズムやembotの動きを関連づけながら、思いや意図をもって旋律をつくっている。

7. 本授業で使用したもの

Microsoft Surface Go2、embot

8　本時について

(1) 目標

リズムや音の組み合わせを工夫して、5音を使ってまとまりのある日本の旋律をつくることができる。

(2) 展開

分	学習活動	○指導上の留意点　☆評価
0	■単元で学習している歌を歌唱させる ・「さよなら友よ」「こきりこ」を歌う。	
5	■授業の流れを知らせる。 ・黒板に書かれた授業の流れを見て、これからの学習の見通しをもつ。 ■めあてを確認する 5つの音で、おはやしのせんりつをつくりましょう ■音符カードを使って2小節のリズムをつくらせる。 ・音符カードを使って2小節のリズムをつくる。 ■embotで旋律をつくらせる。 ・リズムをプログラムしてから、ミ・ソ・ラ・ド・レの音を当てはめて、気に入った旋律をつくる。 ■つくった旋律を五線譜に書かせる。 ・ワークシートを見ながら、自分がつくった旋律を五線譜に書き、リコーダーで練習する。 ■つくった旋律をリコーダーで演奏させる。 ・1人ずつ、自分が演奏しやすい速さで演奏する。	○マインドマップに授業の流れを記入し、授業の見通しをもたせる。 ○音符の拍数を理解することが難しい児童のために拍数を記入した音符カードを用意する。 ☆いろいろな音を試しながら まとまりのある旋律をつくっている。 ○五線譜に音符が書けない児童には机間指導をする。 うまく演奏できない児童は、できるところまで演奏させたあと、embotで発表させる。
35	■振り返りをさせる。	
45	■embotで自分の旋律と友だちがつくった旋律をつなげる。 ・早く終わった児童から、友だちの旋律を自分のプログラムに組み込む。 ■次時の予告をする。	○印刷されたプログラムを見ながら友だちの旋律を入力する。
60 (本時)	○完成イメージ動画を見せる。 ○前回組んだプログラムを確認しながら、同じようにプログラムを組んでいく。 ○各自1分以内の動画を撮影する。	

(3) 評価

リズムや音の組み合わせを工夫して、5音を使ってまとまりのある日本の旋律をつくることができる。

第4、5学年
音楽科 学習指導案

●場　所：多目的教室
●授業者：林 孝茂

1．単元名

和音の美しさを味わおう

2．単元の目標

●和音の響きの美しさを味わって聞いたり表現したりすることができる。
●和音の響きを感じ取って、音の重なりを表現するプログラムを友だちと工夫することができる。

3．評価規準

関心・意欲・態度	音が重なり合う響きの美しさを求めて、聞いたり表現したりしようとしている。
考え方	音が重なり合う響きを感じ取って、演奏を工夫している。
技能	響きの変化を感じ取って演奏している。
知識・理解	音が重なり合う美しい響きを味わいながら聴いている。

4．単元について

　　本単元は、プログラミング活動を通して和音の基本形を学ぶことを目的として行う。プログラミング教材を活用し、角度で音を表現することで、音の重なり方を視覚的・数学的に捉えたり、活動を通してつくった和音を実際に鍵盤で演奏することによって自分たちで見つけた和音の規則性を意識しながら和音の響きや音の重なりの良さを感じたりすることができる。

　　音符だけでなく、様々な要因から多角的に音の性質に関心を引きつけ、和音の特徴を理解できるようにする。

5．教科の学習とプログラミング教育の関連

　　今回はⅠ・Ⅱ・Ⅲの基本形から和音の法則を導き出し、それをプログラムに落とし込みロボットの腕を動かすことで音を視覚化させる。その音を表現するために必要なことを考え、整理しながらプログラムを組む中で、コンピュータの性質を体感でき、小学校プログラミング教育の手引の下記のような例示にも沿う授業であると考える。

　　Ｂ−① 音楽（第4学年）様々なリズム・パターンを組み合わせて音楽をつくることをプログラミングを通して学習する場面

6. 学習指導計画（全5時間）

時	学習内容	留意点・評価
1	ドレ見メーターで作曲する。	●つくった楽譜通りにブザーを鳴らしている。 ●音とメーターの表示が合致している。 ※embotの本体製作・基本操作に関しては図工等の時間を活用(3時間程度)。
2	和音（Ⅰ～Ⅲ）について知る。	●根音をもとに、きれいに聞こえる音の重ね方を考えている。
3 (本時)	和音の基本形を考える。	●和音の基本構成とその規則性に気付いている。
4	和音をつくる。 （embot3台を使って和音を鳴らす。）	●つくった和音をもとに、音符を書いたり、鍵盤で演奏したりしている。
5	難聴学級へできあがった音を届ける。 （チューリップのメロディなど、一緒にプログラムを組む。）	

7. 本時について

（1）目標　プログラミングを通して三和音の基本形に気付き、音の重なりの美しさを味わう。

（2）本授業で使用したもの

　　【児童】● embot（3人に1セット）　● iPad（3人に1台）　●ワークシート
　　　　　　●鍵盤ハーモニカ

　　【教師】●大型ディスプレイ　●実物投影機　●板書用提示物

（3）展開

学習内容	留意点・評価
■冬の歌を斉唱する。	○伴奏から前時までに見つけたきれいに聞こえる和音を想起させる。
■学習課題を確認する。 　embotを使って和音の秘密を探ろう	
■手順を知る。 　●ド→ミ→ソなどの順に鳴るようにする。 　●サーボモーターの矢印が音に合わせた角度になるようにする。	○ドレ見メーターを提示する。
■Ⅰの和音（ドミソ）でプログラムを組む。	○プログラム例を示す。 ○ピアノで実際の音を聞かせる。
■Ⅱ・Ⅲの和音でプログラムを組む。	○ワークシートに角度を書いてからプログラムするようにする。
■プログラムを発表し、気付いたことを話し合う。	○音と音の間は同じ角度になっていることに気付かせる。
■Ⅳ、Ⅴ、Ⅵ、Ⅶの和音をつくる。	○気付いた規則を元に和音を考えられるようにする。
■つくった和音を五線譜譜に表し、分かったことを話し合う。 　●Ⅰ〜Ⅶの和音を鍵盤で演奏する。	○おだんごのように並んでいることに気付かせる。（三和音の基本形） ○実音の響きを感じ取らせる。
■振り返り。 　●授業を振り返り、学んだことを他の場面で生かせられるかを考える。	☆見つけたきまりに合った音の重なりが美しく響くことに気付いている。

（4）評価

　　和音の基本構成とその規則性を理解し、音の重なりの美しさを感じ取っている。

第5学年
算数科 学習指導案

●場　所：5年　教室
●授業者：鍔田マリ

1．単元名

「円と正多角形」

2．単元の目標

観察や構成などの活動を通して正多角形の性質について理解する。また、円と組み合わせて正多角形を作図することができる。

円周について理解するとともに、直径、円周、円周率の関係を理解し、円周の長さや直径の長さを求めることができる。

3．評価規準

関心・意欲・態度	●身の回りの正多角形に関心をもち、正多角形を構成したり作図したりしようとしている。 ●円の直径と円周の関係に関心をもち、関係を調べようとしている。
数学的な考え方	●円と組み合わせることで、正多角形の性質や特徴を見出したり、正多角形の作図の方法を考えたりしている。 ●円周と直径の割合が一定であることを捉え、円周率を見出している。
技能	●円と組み合わせることで、正多角形を作図することができる。 ●円周率を用いて、円の直径から円周を求めたり、円周から直径を求めたりすることができる。
知識・理解	●正多角形について知り、平面図形についての理解を深めている。 ●円周率の意味や、円周率は3.14を用いることなどを理解している。

4．単元について

児童はこれまでに、第2学年で正方形、第3学年で正三角形を学習してきている。また、第5学年の「図形の角」の単元において三角形の内角の和が180度であることを理解し、そのことをもとに四角形、五角形、六角形などの多角形の内角の和について学習してきた。また、円については、第3学年「円と球」において、円、直径や半径の定義や作図の方法などについて学習してきている。このような既習事項を想起しながら、円と多角形を相互に関連付け、定義や性質についての理解を深めていく。

本単元では、正八角形、正六角形のかき方を考えることを通して、それぞれの正多角形の性質を学習し、中心角や周りの角の角度について目を向けさせていく。また、円を使って正多角形がかけることや、正多角形の角の数が増えると円に近づくことから円周の長さに着目させ、円周率について理解させていく。

正多角形は円に内接するということを実感を伴って見出すことにより、それが円周率の学習、さらには第6学年における円の面積の学習にも活用できる知識となっていく。

5．教科の学習とプログラミング教育の関連

　　本時の目標は円の中心角を等分する方法で正六角形を作図することである。分度器と定規を用いて作図を行う場合、「時間がかかること」「正確に作図するのが難しいこと」がデメリットとして考えられる。また、等分した中心角を測って作図する場合、「同じ作業を繰り返している」ことにも着目したい。

　　児童には上記の点に目を向けさせ、「短時間で」「正確に」、また「同じ作業を繰り返す」ことはコンピュータの得意分野であることに気付かせる。ここから、児童1人1人が「正多角形を作図するプログラムを組んでみたい」という意欲をもって学習に取り組むことができるようにする。

　　本時においてはプログラミング教育ロボットembotを用いて、円の中心を等分する方法で正多角形の作図を行う。embot の大きな特長としては、実際にロボットが頂点を取る動きをするため、作図の手順が視覚的に理解しやすい点があげられる。

　　また、右記のようにブロックの数値に円の中心の角度を等分した数値を入れてプログラミングしていくため、学習の定着が図られ、中心角は「360度÷ □角形」という学習についての習熟が期待される。

　　本時の学習を通して、児童が思った通りの作図をしたいという意欲をもち、作図の手順を考えることでプログラミング的思考を醸成し、中間発表におけるディスカッションを通してトライ＆エラーの姿勢を身に付けることができる。

6．単元指導計画

時	目標	学習活動	評価基準
1	正多角形の意味や性質を理解する。	円形の紙でつくった正六角形や正八角形の特徴を調べる。	正多角形の意味や性質を調べようとしている。（関） 正多角形の意味や性質を理解している。（知）
2・3（本時）	円と組み合わせて正多角形を作図することができる。	円の中心角を等分する方法で、正八角形、正六角形をかく。	円を使って正多角形をかくことができる（技） 正多角形は円の中心角を等分すればかけることを理解している。（知）
4	円の半径の長さを使って正六角形を作図し、正多角形と円の関係について理解を深める。	円の周りを半径の長さで区切る方法で正六角形をかき、その方法でかける理由を考える。	直径と円周の長さの関係について見通しをもって調べようとしている。（関）
5・6	直径の長さと円周の長さの関係を調べ、円周率の意味を理解する。	円周率の意味や求め方を理解し、円周の長さを求めることができる。	円周の長さを求める式を、円周率の意味や求め方から考え、説明している。（考）

7．本時で使用したもの

　　①embot　②タブレット　③算数用の授業サポート動画　④ワークシート

8. 本時の展開

過程	学習内容	指導上の留意点	◇評価【評価方法】
導入 15分	1.課題をつかむ。 ○円の中心の角を等分して正六角形を作図する手順を想起する。 ○コンパス、定規と分度器では作図に時間がかかること・繰り返しであることに気付く。 ○プログラミングを使うと作図ができそうだと気付く。 プログラミングで正六角形の作図をしよう	●円の中心の角度を等分して正六角形を作図する方法を想起し、本時ではプログラミングによって作図することを確認する【VTR 1】 ●円の中心が等分されていることに気付かせる ●円の中心の周りの角は360度だから、360度÷6	■正多角形は円の中心の角度を等分すればかけることを理解している。(知)
展開 25分	2.プログラミングの準備をする。 ○embotの組み立て、アプリの初期設定を行う。 3.embotを使って正六角形をかく方法を考える。 ○作図の基本的な考え方はコンパスと分度器で作図するときと変わらないことに気付く。 4.プログラミングして正六角形を作図する。 5.中間発表をする。 ○正六角形が作図できていることを確認し、他の正多角形の作図も行う。	●プログラミングに必要な準備をVTRで確認する。【VTR 2】 ●プログラミングの手順をVTRで確認する。【VTR 3】 ●VTRを参考に正六角形の作図方法を確認し、他の正多角形を作図する手立てを考える。【VTR 4】	■プログラミングで正六角形をかくことができる。(知)
まとめ 5分	6.最終発表をする。 ○プログラミングを使った作図の方法をまとめる。	●次時の学習に繋げる。	

第5学年
図画工作科 学習指導案

●場　所：5年　教室
●授業者：山内佑輔

1．単元名

　　紙×embot＝!?　（A表現　プログラミング教育B分類）

2．単元の目標

（1）●自分の感覚や行為を通して、形や色、動きなどの特徴を理解する。
　　　●紙の加工についての経験や技能を総合的に生かしたり、表現に適した方法などを組み合わせたりするなどして、表したいことに合わせて表し方を工夫して表す。

（2）●プログラミングの機能から、表したいことを見つけ、動きの特徴や色、形を考えながら、工作用紙でどのように表すかについて考える。
　　　●自分たちの作品の造形的な良さや面白さ、表現の意図や特徴、表し方の変化などについて、感じ取ったり考えたりし、自分の見方や感じ方を広げる。

（3）●プログラミングの機能を活用して、工作用紙で工作に表すことに取り組み、つくり出す喜びを味わうとともに、形・色・動きなどに関わり、楽しく豊かな生活を創造しようとする態度を養う。

3．評価規準

知識・技能	●自分の感覚や行為を通して、形・色・動きなどの特徴を理解している。 ●紙の加工についての経験や技能を総合的に生かしたり、表現に適した方法などを組み合わせたりするなどして、表したいことに合わせて表し方を工夫して表している。
思考・判断・表現	●プログラミングの機能から、表したいことを見つけ、動きの特徴や色、形を考えながら、工作用紙でどのように表すかについて考えている。 ●自分たちの作品の造形的な良さや面白さ、表現の意図や特長、表し方の変化などについて、感じ取ったり考えたりし、自分の見方や感じ方を広げている。
主体的に学習に取り組む態度	●プログラミングの機能を活用して、工作用紙で工作に表すことに取り組もうとしている。

4．指導にあたって

　　本題材は、学習指導要領のA表現(1)イ「感じたこと、想像したことなどから、表したいことを見付けて表すことと、自分の表したいことや用途などを考え合せながら、色を選んだり、形をつくったり、計画を立てたりする」（思考・判断・表現）及びA表現(2)「発想や構想をしたことを実現するために、材料や用具の特徴を生かして使うとともに、様々な表し方を工夫して表すこと」（技能）を中心に指導するものである。

　　児童は、タブレット端末でプログラミングする、工作用紙でつくる、プログラムを見直す、さらに工作をつくりかえるなど、つくり、つくりかえ、つくるという学習過程をたどる。自分がイメージする表したいことに向かってembotの機能を選択しプログラミングすることと、工作をつくることの往還を重視することが大切である。

5．教科の学習とプログラミング教育の関連

　　本題材においては、プログラミング環境embotを活用し、表したいことを工作に表す。児童は、工作用紙を材料として、embotで制御するサーボモーターの動きから自分が表したいと思うことをイメージする。本題材においては、プログラミングで制御した動きから自分が表したいと思うことをイメージし、プログラミング体験をしながら、工作用紙でつくる。

　　プログラミング環境embotは、シンプルな操作と動きから、想像力をはたらかせて発想や構想をし、前学年までの造形活動の経験を生かして表し方を工夫する上でも図画工作科の学習を充実させることに繋がると考える。

6．展開

分	学習内容	○指導上の留意点☆評価
0	■embotを動かしてみよう！ ● embotとタブレット端末を接続する。 ● 0度〜180度までの可動域を確認する。 ● "○秒待つ"の効果を確認する。	○2人1組で取り組むことを伝える。 ○embotアプリケーションの操作方法を伝える。 ○友だち同士で話し合い、アイデアを共有したり、教え合ったりするよう伝える。
15	■課題をつかむ **動きからイメージして、工作用紙と組み合わせて"あ！"と驚くものをつくってみよう！** ■プログラミングをして動きをつくる。 ■工作用紙を使って、サーボモーターの動きから発想したものを工作する。 ○太鼓を叩くような動きになるかも！ ○ボールを蹴るゲームをつくろう！ ○ピンボールできるんじゃない？ ○動くロボット、つくれないかなぁ。 ○振り子時計の動きに似ているね。 ○メトロノームにしたいけど、どんな速さでモーターを動かせばいいかな。	○千枚通し等で工作用紙に穴をあけて、サーボモーターとの組み合わせる例を提示する。 ○サーボモーターと紙をマスキングテープで接着してもいいことを伝える。 ○児童の取り組みから、"繰り返し"の命令が必要になった場合には、全体に説明する。 ☆【思考・判断・表現】 　（観察や対話・造形物） ☆【知識・技能】 　（観察や対話・造形物）
65	■鑑賞する。 ● グループごとに鑑賞する。 ○すごい！ロボットが動いてる！ ○どうしたら、こんな動きになるの？ ○このゲーム、面白い‼	☆【主体的に学習に取り組む態度】 　（観察）

第5学年
総合的な学習の時間 指導案

●場　所：5年1組　29名
●授業者：後藤朋子

研究主題

進んで関わり合い、思いを豊かに表現する東金STEM教育
~未来を切り開く論理的思考の育成~

高学年の目指す児童像 ・・・ 効率よく考え、自信をもって表現する子

1．単元名

「Welcome embot」を作ろう!

2．使用教材　embot

3．単元の目標

　　自分たちは保護者、学校、地域の人々に支えられて学校生活を送ってきたことを再認識し、感謝の気持ちを伝えるために、展覧会に向けて「Welcome embotを作ろう!」という学習課題をもち、今まで学習してきたプログラミングの知識・技能を使ってembotの動作を考え、表現することができる。

4．単元の評価規準

	関心・意欲・態度	情報を整理し、分析する力 情報をまとめ、表現する力 （思考・判断・表現力）	主体的・協働的に 取り組む態度 （学びに向かう力・人間性）
総合的な学習	⑦ 自分たちの学校生活は保護者や学校や地域の人々などによって支えられ、成り立っていることを理解している。	④ embotをどのように操作すると、展覧会を参観する保護者や学校の人々に感謝の気持ちを伝えることができるか考え、表現できる。	⑦ 展覧会を参観する保護者や学校の人々に感謝を伝えるため、embotを使った表現づくりを友だちと協力して取り組むことができる。
プログラミング	① 意図した一連の活動を実現するためのプログラムブロックの意味を理解し、問題解決のためのフローチャートを作成することができる。	② 自分たちの考えを表現するために、embotにどのようなプログラムを組んだらよいか予想し、考え、プログラムブロックに適切に置き換えることができる。	③ 問題解決にむけ、より良い表現にするためのプログラム作成を、友だちと助言し合いながら協力して行うことができる。

5．単元について

（1）教材観

- 本単元の学習では、友だちと協力し、embotのプログラムを考え、表現することで、展覧会という大きな学校行事で感謝の気持ちを伝えることができる。
- embotの操作を考えることで、フローチャートの作成や、プログラムブロックを適切に置き換えるなどプログラミングの基礎を身に付けることができる。

（2）児童観

コロナ感染症防止対策のため、年度当初の休校や岩井臨海学校などの各種行事、委員会活動やクラブ活動の延期により、高学年として活躍する場が減少している。そのため、自分たちが行う仕事（当番活動や係活動など）の責任を果たしたり、自分たちを支えてくれている周りの人々への感謝の気持ちを伝えたりする活動を行いにくくなっている。

アンケート結果によると次のような結果が見られた。「高学年として学校のために活動したい」と思っている児童93％、「高学年として委員会活動を行いたい」と思っている児童85％、「高学年としてクラブ活動を行いたい」と思っている児童85％、と、多くの子どもたちが高学年としての活躍の場を期待していることが分かった。また、「自分を支えてくれる人に感謝を伝える場面があったら伝えたい」と思っている児童は92％であった。さらに「プログラミングの授業は好き」と答えた児童は89％であった。（アンケートは「まあまあそう思う」も含む）そこで展覧会という場を利用し、児童の思いを実現する学習を展開しようと本単元を設定した。

さらに展覧会でembot展示する旨を伝えたところ「楽しみにしている」児童は84％（「まあまあそう思う」も含む）いた。しかし、プログラミングの授業を難しいと思っている児童が44％と半数弱いることから、苦手意識のある児童でも自信をもって取り組めるような工夫が必要であると考え、ワークシートを使うことにした。

（3）指導観

目指す児童像に迫るための工夫……………… Ⓐ効率よく考え、Ⓑ自信をもって表現する子

Ⓐ効率よく

- フローチャートを載せたワークシートを利用することで、紙面上で動きを考えてからプログラムブロックを作成することで、考えを整理したりまとめたりしやすくする。

Ⓑ自信をもって表現する子

- 展覧会の入り口である中央玄関に自分たちの作品を展示することで、支えてくれる人々への感謝を、学校代表として最初に伝える機会を与えることで、責任感をもたせる。
- イメージマップを利用することで、誰が、どのようなところで支えてくれているかを具体的に考えさせる。
- 少人数グループで活動させることで、1人ではないという安心感を持たせたり、友だちの良い考えを知ることができたり、助言し合ったり、プログラムを確認し合ったり、新たな発見を生み出す機会をもたせる。
- 「はじめてプログラミング」のワークシートを利用することで段階を追ってプログラミングの指導を行うことで、苦手意識のある子にも安心して取り組めるようにする。

6．指導計画（全8時間　本時　5/8）

時	○主な学習活動	◇評価　●留意点
1	○「自分たちの学校生活を支えてくれる人々」について考える。 ○展覧会に向け参観者に楽しさが伝わるWelcome embotを作成するという学習の流れを知る。	◇「自分を支えてくれる人々」について考えイメージマップを作ることができる。㋐ ●イメージマップを使いいつどのように支えてもらっているか具体的に気付けるようにする。
2	○embotの基本的な操作方法とフローチャートについて知る。	◇「ライトを点ける」「手を動かす」「音を鳴らす」3つの操作があることを知り、操作手順をワークシートに書くことができる。① ●embotのワークシートを活用させる。
3	○embotの操作に慣れる。	◇ワークシートをもとに、プログラムブロックを作成することができる。① ●ブロックが多いときはファンクションを使わせる。 ●自分のロボット名をスタートのすぐ下に作成することを板書する。
4	○展覧会にいらっしゃるお客様を楽しませるWelcome　embotの操作をグループの友だちと考え、ワークシートに操作手順を書き、それをもとにフローチャートやプログラムブロックを作成する。	◇友だちと協力してワークシートを作成し、フローチャートやプログラムブロックを作成できる。㋑
5	○展覧会の参観者を楽しませるために考えたプログラムを友だちと協力しながらより良いものに改善する。	◇プログラムを実行 ●確認し、改善点することができる。㋑㋒②③ ●ワークシートに付箋を使って改善点やその内容を書き込みながら話し合わせる。
6	○より楽しませるために、Welcome embotに装飾をする。	◇展覧会にいらっしゃる方が楽しい気持ちになるような装飾を考え、作ることができる。㋑ ●操作したときのことを考えた装飾を作らせる。
7	○グループ発表会を行い、さらに改善していく。	◇グループごとの発表を見合い感想や改善点を伝えることができる。 ●屋台方式で展示し、時間内に全員が全てのWelcome embotを見ることができるようにする。
8	○展覧会で展示し、振り返りをする。	◇学校生活以外で支えてくれている人々への感謝を伝える方法を考える意欲をもつことができる。㋒ ◇プログラミングを使って他の課題を解決する方法を学ぶ意欲をもつことができる。③ ●振り返りシートを作成し記入させる。

7．本時の学習（5/8時間）

（1）本時の目標

- 展覧会を参観する保護者や学校の人々を楽しませるために考えたプログラムを友だちと協力し合いながらよりよいものに改善していくことができる。
- ワークシートの付箋を参考に、フローチャートやプログラムブロックを適切に配置することができる。

（2）展開

分	学習活動	指導上の留意点	評価
導入 13：45	1．前時の学習を振り返る。 2．本時の学習の流れを確認する。	●何のために作成するか再確認させる。 ●本時の流れを提示する。	
13：50	**めあて** 展覧会にいらっしゃる方を楽しませるために考えたプログラムを友だちと協力しながらより良いものに改善しよう。		
展開 13：50	3．グループで協力し、前時で作成したembotのプログラムを実行し、動作の確認をする。 前回考えたプログラムを実行し、考えた通りに動くか確認しよう。	●グループのembotを実行し、確認させる。	【総合的な学習プログラム】 友だちと協力して、展覧会の参観者を楽しませるプログラムを考え、よりよいものに改善していくことができたか。
13：55	4．プログラムの改善点について話し合いながらワークシートに付箋をはっていく。 改善箇所には青の付箋を貼り、改善内容は緑の付箋に書いて貼ろう。	●色分けした付箋を用意し、改善点や修正内容が一目で分かるように記入させる。 青→改善が必要なところ 緑→修正した内容	【プログラム】 ワークシートをもとに、プログラムブロックを適切に配置することができたか。
14：05	5．ワークシートの改善点を見ながらフローチャートやプログラムブロックを適切に配置する。	●机間指導しながら、適切にブロックを配置しているか、グループで協力しているか確認する。	
14：15	6．もう一度プログラムを実行し、確認する。	●グループのembotを全て同時に実行し、確認、改善する。	
まとめ 14：20 14：30	7．振り返りをする。	●2、3のグループに、楽しい動きにするため、ブロックのどこを修正したのか発表させる。 ●振り返りシートに本時にできたことや次時に取り組みたいことを書かせる。	

（3）本時の評価

- 展覧会の参観者に楽しませるために考えたプログラムを、友だちと協力し合いながらより良いものに改善していくことができたか。
- ワークシートの付箋を参考に、フローチャートやプログラムブロックを適切に配置することができたか。

（4）授業の視点

- プログラムを改善していく上で、教師の指示、グループの構成や学習場所は適切であったか。
- フローチャート画面やプログラムブロックを適切に配置するためにワークシートは効果的であったか。

第5学年
総合的な学習の時間 学習指導案

● 場　所：5年2組　教室　児童37名
● 授業者：澤 祐一郎

1．単元名

「embotドリルをやってみよう！」ビジュアルプログラミング

2．単元の目標

（1）生活の中でコンピュータが活用されていることを知り、それらがより良い生活や社会のために役立てられていることを理解できるようにする。【知識及び技能】

（2）embotドリルを活用して、自分たちの生活や社会をより良くするためにできることを考えることが、できるようにする。【思考力、判断力、表現力等】

（3）身近なコンピュータに関心を向け、協力しながらembotドリルに主体的に取り組もうとしている。【学びに向かう力、人間性等】

3．学習計画

知る	1	【導入編】 ● プログラミングについて知ろう!!（動画視聴） ● 問題①〜⑥に取り組む。（ドリル） ● embotの機能を紹介する。（ロボット）
知る	2	【準備編】 ● アプリをインストールする。 ● アプリの使い方を知る。（ドリル） ● ブロックの使い方やメニューの開き方を知る。（アプリ）
やってみる	3 4	【基礎・ライト編】 ● 作ってみよう①、②に取り組む。（15分） 　ライトを点ける／ライトを消す ● 作ってみよう③に取り組む。（10分） ● まとめをする。（5分）
やってみる	5 6	【基礎・モーター編】 ● 作ってみよう①に取り組む。（15分） 　問題①をする。／問題②をする。 ● 作ってみよう②に取り組む。（10分） ● まとめをする。（5分）
やってみる	7 8	【基礎・ブザー編】 ● 作ってみよう①、②に取り組む。（15分） ● 作ってみよう③に取り組む。（10分） ● まとめをする。（5分）
深める	9 10	【総合編】 ● 基礎編で学習した機能を使って、 　自分の考えた動きをプログラミングする。（15分） ● 自分の考えたプログラムを発表し合う。（15分）

（学習計画）

4．展開

本時の学習と指導（8/10）		
ねらい	既習事項をもとにして、自分の好きな曲を考えることができる。【思考、判断、表現】	
準備	●タブレット　●embotドリル　●embot本体　●実物投影機	
展開	学習内容・活動	指導上の留意点　○指導　◆評価基準
1分 4分	1　前時の学習内容を確認する。 2　「ちょうちょのうた」をプログラミングする。	○「カエルのうた」のコードブロックの組み方を確認する。 ○学習課題を確認する。 **自分の好きなうた（曲）をプログラミングしよう！**
5分	3　好きな歌（曲）をプログラミングする。	○「ちょうちょのうた」で2分音符の組み方を知る。 ○自分の好きなうたや曲をプログラミングするよう、言葉掛けする ○良い動きや工夫した動きが生まれたときは児童を称賛して、動きの幅を広げていけるようにする。 ◆既習事項をもとにして、自分の好きなうたや曲を考えることができている。 （思考力、判断力、表現力）
5分	4　振り返りをする。	○学習課題に対して、活動への振り返りをする。（ドリル） ○まとめドリルに取り組むことで、身近な生活や社会のどの場面でプログラミングが活用されているか確認する。

embotへの想い（指導観、教材観）

　　2020年からプログラミング的思考を育てるプログラミング教育が必修となっている。一方で、学校教育現場では、感染症拡大防止対策が喫緊の課題であり、現状では児童間での教具の共有化が難しい。そこで、embotドリルのようなビジュアルプログラミングによって、感染症拡大防止の観点を踏まえつつ、1人1人のプログラミング的思考を高めることができる教材の導入を試みた。embotドリルは、各機能がドリル形式になって身に付けられるようになっており、プログラミングを体系的に学習できる内容になっているため、プログラミング教育の導入として適当であると考えた。

〈準備するもの〉
【児童】○embotドリルアプリの入ったタブレット　○筆記用具　○embotドリル（紙）
【教師】●充電用コード　●embot本体 提示用　●電子黒板（実物投影機）

第6学年
理科 学習指導案

● 場　所：6年　教室
● 授業者：府中高助

1．単元名

「電気と私たちのくらし」（「東京書籍HP『年間指導計画』」より引用）

2．単元の目標（「東京書籍HP『年間指導計画』」より引用）

電気の量や働きに着目して、それらを多面的に調べる活動を通して、発電や蓄電、電気の変換についての理解を図り、実験などに関する技能を身に付けるとともに、主により妥当な考えをつくりだす力や主体的に問題解決しようとする態度を育成する。

3．評価規準（「東京書籍HP『年間指導計画』」より引用）

知識・技能	思考・判断・表現	主体的に学習に取り組む態度
①電気は、つくりだしたり蓄えたりすることができることを理解している。 ②電気は光、音、熱、運動などに変換することができることを理解している。 ③身の回りには、電気の性質や働きを利用した道具があることを理解している。 ④電気の性質や働きについて、実験などの目的に応じて、器具や機器などを選択して、正しく扱いながら調べ、それらの過程や得られた結果を適切に記録している。	①電気の性質や働きについて、問題を見いだし、予想や仮説を基に、解決の方法を発想し、表現するなどして問題解決している。 ②電気の性質や働きについて、実験などを行い、電気の量と働きとの関係、発電や蓄電、電気の変換について、より妥当な考えをつくりだし、表現するなどして問題解決している。	①電気の性質や働きについての事物・現象に進んで関わり、粘り強く、他者と関わりながら問題解決しようとしている。 ②電気の性質や働きについて学んだことを学習や生活に生かそうとしている。

4．単元について

本単元は、学習指導要領 第2章 第4節 第2 ［第6学年］2 A(4)で、以下のように目標を設定されている。

> **手回し発電機などを使い、電気の利用の仕方を調べ、**
> **電気の性質やはたらきについての考えをもつことができるようにする。**
> ア　電気は、つくりだしたり蓄えたりすることができること。
> イ　電気は、光、音、熱などに変えることができること。
> ウ　電熱線の発熱は、その太さによって変わること。
> エ　身の回りには、電気の性質や働きを利用した道具があること。（※文部科学省「学習指導要領」より一部抜粋）

着目したいのは特に「エ」であり、現代においてその関連はコンピュータサイエンスの活用を抜きにして語れない時代になっている。電気の必要性を理解しながら、かつその恩恵を大切に使うことが重要である。便利さという面と、省エネやSDGsなどの学習が進み、環境問題を解決することにも直面している。これらを解決に導くような提案性のある力を育てていきたいと考えている。

5. 教科の学習とプログラミング教育の関連

　　　本時では、つくられた電気を効率的に使う方法を、プログラミングによって制御することについて考えている。embotを用いて、どのような指示を行うと目標が達成可能なプログラミングになり、ロボティクスが活躍できるような場面を想起させながら、実用性をもった学習につなげる。

6. 単元指導計画（「東京書籍HP『年間指導計画』」より引用　※一部加筆あり）

時	学習内容	○指導上の留意点☆評価
1	【電気をつくる】 ●町の様子の絵を見て、電気はどのように作られたり利用されたりしているかを考え、電気と自分たちの暮らしとの関わりについて問題を見いだす。 ●身の回りで、発電している物があるか探す。	教科書を見たり、生活経験を想起したりする中で気づいたことや疑問に思ったことから、差異点や共通点を基に、電気と自分たちの暮らしとの関わりについて、解決の視点が明確で、解決可能な問題を見いだし、表現している。
2	●手回し発電機や光電池で電気を作り、作った電気を利用する。（実験） ●手回し発電機や光電池を使うと、発電することができることをまとめる。	手回し発電機や光電池の仕組みを理解し、それらを正しく扱いながら電気を作るとともに、いろいろな器具をつないで作った電気を利用し、調べた全ての結果を適切に記録している。 手回し発電機や光電池を使うと、発電することができることを、日常生活に当てはめ、他の場面でも活用できる程度に理解している。
3	【電気の利用】 ●コンデンサーなどを使うと、蓄電できることを知る。 ●コンデンサーに電気をため、ためた電気を何に変えて利用できるか調べる。（実験） ●実験結果を基に、電気は、光、音、運動などに変えて利用できることをまとめる。	コンデンサーや手回し発電機などを正しく扱いながら、電気を作るため、いろいろな器具をつないでためた電気を利用し、調べた全ての結果を適切に記録している。 コンデンサーなどを使うと、蓄電することができることを、日常生活に当てはめ、他の場面でも活用できる程度に理解している。
4	●電熱線に電流を流すと発熱するかどうか、発泡ポリスチレンを使って調べ、まとめる。（実験3） ●豆電球と発光ダイオードの特長を捉える。	電気は、光、音、熱、運動などに変換することができることを、日常生活に当てはめ、概念的に理解している。 電気の変換について学んだことを生かして、豆電球と発光ダイオードの特長について考えたり、発光ダイオードが生活のさまざまな場面で利用されていることについて、意義や有用性の観点から考えたりしようとしている。
5	【電気の有効利用】 ●電気を効率的に使うための工夫について考え、まとめる。	電気を効率的に利用するための工夫について、身の回りに見られる取り組みを探したり、複数の事実を基に検討したりして考察し、より妥当な考えをつくりだして、表現している。 電気を効率的に利用するための道具や仕組みがあることを理解して、日常生活に当てはめ、概念的に理解している。
6 〜 9	●人が近づくと明かりがつき、しばらくすると消えるプログラムを作り、明かりをつけたり消したりする。（活動）	**電気の大切さについて学んだことを生かして、センサーなどの器具を使おうと考えたり、生活のさまざまな場面で利用されていることについて、意義や有用性の観点から考えたりしようとしている。**
10	●これまでに学んだことを生かして、電気を利用したものをつくる。 ●電気の働きや利用について、学んだことをまとめる。（※文章の一部略）	自分がつくりたい物を考え、学んだことを的確に取り入れて目的の物を完成させるための材料や方法を発想し、表現している。

※太字は府中氏の加筆

7. 本時（第5時）で使用したもの

● embotアプリが使用できるタブレット（本授業ではiPadを使用）　● embotスターターキット一式 ● Sizuku Lux　● embottersサイト内動画「センサー⑤ Linkingを使って動かそう」

8．本時（第5時）の展開　※embotを使用

分	学習内容	○指導上の留意点	☆評価
導入 15分	1　課題をつかむ ●前時まで、電気のはたらきにどのようなものがあったかを振り返る。 ●電気をつくることの大変さを考えたり、電気を無駄遣いしないことを生活の中から結びつけたりして、電気を効率的に使おうという意識を高める。 **私たちの生活では、電気を効率的に使われているだろうか。**	※ノートにある活動の履歴を使い、知識を確実に理解させていく。	
展開 30分	2　課題を深める ○身の回りで効率よく電気を使っている場面を探す。 ●例を挙げていく話し合い活動を行う。 ○なぜその場面に自動制御が必要であるかを、話し合い活動を通して深める。 ●人の動きによる面倒さ・不確実さ・煩わしさなどが挙げられる。 ○電気を効率的に利用するためにどうすればよいだろうか予想を立てる。 ●センサーのはたらきに着目されることが予想され、どのような場面でセンサーが使われるか話し合い活動を行う。 ●センサーの仕組みが、プログラミングにより「条件分岐」を使って行われることを理解する。 **センサーを使った仕組みを自分たちでつくることができるのだろうか？** ○embotとセンサーを紹介し、場面を想定させる。 ●「○○をしたら、embotが××を行う。」という仕組みをデモンストレーションして、「必要な場面でembotが自動的に動くといいな。」という発想をもつ。 **センサーを使うと、必要なときに電気を使う仕組みをつくることができる。**	※「スイッチによるもの」「タイマー・センサー等の自動制御によるもの」などが混在するので、整理していく。 ●これらを出すことによって、コンピュータは人間生活をより豊かにするための道具であることを意識させて、発想の一助にする。 ※コンピュータの仕組みとして、「順次処理」「反復処理」と「条件分岐」という3つの仕組みを確実に理解させる。 ※VTRを使用して仕組みを理解し、必要に応じて、一斉にデモンストレーションを行う。 ★得意な児童に事前に渡して、デモンストレーションを行うことも楽しい。 ※実際にはBluetoothの利用や待機電力などの課題もあり、疑問をもつ児童が出てくる。ここでは理論上考えられる活動を前提として、さらなる課題が発生し、企業等では実用化に向けるとその点をクリアするために開発作業が行われていることを理解する。 〈キャリア教育的視点〉	■電気を効率的に利用するための道具や仕組みがあることを理解して、日常生活に当てはめ、概念的に理解している。（知） ■電気を効率的に利用するための工夫について、身の回りに見られる取り組みを探したり、複数の事実をもとに検討したりして考察し、より妥当な考えをつくりだして、表現している。（思）
10分	3　アイデアを確かめ合う ○センサーを利用することができたかを確認し、活動に結びつけながら、次時以降の活動のめあてを自分たちでつくる。	●センサーのはたらきに触れていない場合は、取り入れるように指導する。	

第6学年
図画工作科 学習指導案

● 場　所：6年　教室
● 授業者：二瓶奈緒美

1．単元名

「ロボットダンス大会をひらこう」

（■本単元で身に付けさせたい力　■本単元に関わる主な既習事項　（省略））

（「ロボットの色や形、動きを組み合わせることを連想させながら作る過程で、造形的な見方・考え方を働かせる学び力に繋がる」（「プロカリ」より抜粋。このような内容が一部でも入るとよいと思います。）

2．単元の構成

1時　embot を動かす仕組みを知り、形や色や動きを組み合わせて、デザインにあった作品をつくることができる。

2時　互いに鑑賞し、それぞれの良さを感じ取り、表現の意図や特徴などを捉えることができる。

3．題材の目標

「embot」を活用して動くロボットをつくり、互いに鑑賞し合うことを通して、それぞれの良さを感じ取り、表現の意図や特徴などを捉えることができる。

4．評価規準

知識・技能	形や色の組み合わせを試したり、動きの良さや面白さを表したりするなどして、工夫してつくっている。
思考・判断・表現	形や色などの造形的特徴をもとに動きの効果を考え、自分のイメージをもちながら、どのように主題を表すかについて考えている。
主体的に学習に取り組む態度	つくり出す喜びを味わい、主体的に形・色・動きの良さや面白さを見つけたり、感じたりしながら、鑑賞したりする学習活動に取り組もうとしている。

5．題材について

　　本題材は、「embot」を使って、ダンス大会に合ったデザインをするという共通のテーマで作品をつくる。デザインに合った形や色、動きを組み合わせてロボットをつくる。ロボットを鑑賞し、自分の見方や感じ方を深める活動である。組み合わせることによって、よりよいデザインができることの楽しさを感じられるようにしたい。

　　友だちと作品づくりのアイデアを共有し、そこから生まれる新たな発想によって、自分たちの作品にしていく学びの過程を通して、「主体的・対話的で深い学び」を実現できるようにしたい。

6．教科の学習とプログラミング教育

　　新学習指導要領解説図画工作編では、造形的な見方・考え方とは「感性や想像力を働かせ、対象や事象を、形や色などの造形的な視点で捉え、自分のイメージを持ちながら意味や価値をつくりだすこと」としている。また、新学習指導要領解説総則編では、プログラミング的思考とは「自分が意図する一連の活動を実現するために、どのような動きの組み合わせが必要であり、一つ一つの動きに対応した記号を、どのように組み合わせたらいいのか、記号の組み合わせをどのように改善していけば、より意図した活動に近づくのか、といったことを論理的に考えていく力」であるとしている。

　　「embot」を使い、自分たちそれぞれのイメージを持ち寄り、それを実現するには形や色、動きをどう組み合わせ、どう変化させていけばいいのかを友だちと話し合い、互いの作品を鑑賞しながら試行錯誤を重ねて見つけていく活動は、プログラミングを通して造形的な見方・考え方をはたらかせる深い学びに繋がるのである。

7. 本時について

（1）目標　「embot」を活用して動くロボットをつくり、その形や色や動き、面白さに
　　　　　関心をもって見ることを楽しむ。

（2）展開　（2時間）

分	学習内容	○指導上の留意点　☆評価
5	■課題をつかむ。 　題材名：ロボットダンス大会をひらこう。 　●「embot」でのプログラムのつくり方を知る。 　●動きを考える。 　○つなげると動きが変わるみたい。	○基本的な動きを提示する。 ○プログラミングをして、それを 　自由に動かしてみるよう伝える。
40	■各グループでロボットをつくる。 　●個人でワークシートにアイデアをかく。 　●班でホワイトボードにアイデアをまと 　　める。 　●まとめたアイデアをもとにロボットの 　　デザインを手分けして行う。 　●ロボットの型紙を使って、色を付け組 　　み立てる。 　●動きをプログラミングする。 　○この手順にすると不思議な動きになった。 　○思った動きになった。	○「学校PR」をテーマに考える。 ●同じ曲（校歌）に合わせた動き 　を考える。 ●学校PRにあったデザインを考え 　る。 ○班の友だち同士で作品を見合い、 　アイデアを共有したり、教え合っ 　たりするよう伝える。 ○気になった作品は、仕組みも確 　認するように伝える。
	（5分休憩）	
20	■友だちの作品を鑑賞する。 　○どうやってつくったのかな。 　○あの動きはたぶん、こうプログラムし 　　ている。 ■鑑賞したことを生かす。 　●友だちの班がつくったプログラムを生 　　かして、もう一度取り組む。 　●改善したもので再度、鑑賞する。 ■振り返り。 　●感じたことを振り返りシートに書く。 　●感想を発表する。	○色や形、動きを工夫して表すこ 　とができた班の作品を紹介する。 ○自分たちの班の作品だけではなく、 　友だちの班の作品の良さ、面白 　さなどの気付いたこと、感じた 　ことを記入するよう伝える。 ☆プログラミングによって組み合 　わせてできた動きの良さや面白 　さを味わっている。 　　　　　　　　　（鑑賞の能力） ☆友だちの作品から感じたことを 　自分の作品の工夫に生かしてい 　る。 　　　　　　（発想や構想の能力）

（3）評価　つくった動くロボットの形や色の動きのよさ、面白さに関心をもって互いに
　　　　　見合うことを楽しんでいたか。

8. 本授業で使用したもの

【児童】：●グループ分embot本体セット（乾電池含む）●グループ分iPad　●ワーク
シート●音源：校歌　●装飾：画用紙・ダンボール・テープ類・はさみ・わた・モー
ル・ボンドなど　【教師】：モニター／プロジェクター、Lightning - Digital AVアダプタ、
HDMIケーブル

第6学年
総合科 学習指導案

研究主題	筑波版「STEAM教育」の可能性を探る

1．単元名

「光、音、動きを制御し、共に創造する～プログラミング言語『embot』を使って～」

2．研究主題について

（1）「STEAM教育」を考える

　生活の中にコンピュータが溶け込み、多くの人の幸せにつながる課題解決に向けた革新が進む。子どもたちの将来は、より皆の幸せを考える側にいて欲しいと願う。コンピュータとの共存で人にとって創造性を発揮できる時間と場所が増えたのを恩恵とし、本研究ではコンピュータとともに創った意味や価値の共有に挑む子ども集団を育む　可能性を探りたい。子どもたちが将来の自己実現の1つとして、コンピュータの制御を選択するきっかけとしたい。コンピュータは人の命令で動くが、できたものの意味や価値のよさを判断するのは人自身の感覚や感性である。さらにはコンピュータと共存することはいくつもの思考判断を同時に決定できる、人ならではの思考のメカニズムを知ることでもある。曖昧さや間違い、さらには偶然性をも味方にできるプリコラージュな的な発想など、コンピュータにはなしえない人固有の感覚や感性の尊さこそ、創造性の萌芽である。本提案は図画工作科から発展し、プログラミングを取り入れた表現活動を通し、子どもたちの探求する姿を目指す。

（2）プログラミング言語「embot」の可能性

　子どもたちを囲むビジュアル的なメディアの刺激の様相は、形や色などの視覚的要素に加え、動きや音なども構築要素である場合が多い。本実践は、プログラミングで光、音、回転中心の動きの3つをプログラムしながら、アナログな材料を組み合わせて動く作品を創り出す表現活動の提案である。動きを制御するコンピュータとのコミュニケーションを構築するとともに、簡易な材料を組み合わせることで思いがけない動きに発展する新しい表現の可能性に挑ませたい。簡単な光、音も子どもたちの表現の幅を広げるファクターとなる。

　「こう命令してみてはどうかな…だめかな…じゃあこれは…おっ生き物みたいだ…さらにこうしてみると…あれ意外な動きだ!!」。授業で「embot」を使い、未知の表現に挑もうとする子どもたちの姿は、例えばこのような造形遊び的な知的好奇心の高まりを見せる。やりたいことを決定する過程には、プログラムする手順の精査が必須となるが、「embot」は感覚的に扱うことができ、やりながら命令を修正し再構成できる良さがある。コンピュータと向き合うことを表現に生かす子どもたちの姿は、主体的対話的に探究しようとする姿を保証する。

3．本時について

　　本時は全6時間計画の第3時である。前時までの互いの思いつきの作品の鑑賞などから、その表現過程を分析し、どのようなプログラムの手順や命令を使えば更にやりたいことが可能なのか探る。「embot」の可能なプログラムは以下である。

①赤と青二つのLEDライトは、任意に点けたり消したり、点滅などプログラムできる。
②ブザーは電子音の他に2オクターブのドレミ音階がプログラム可能。さらには音の長さなどの調整も可能。簡易なメロディーがプログラムでき、音からの発想・構想も期待できる。
③動きをつくるサーボモーターは、0-180度、0-360度の2種類の回転が可能。

　　その他のアナログな材料は動きを更に視覚化させ、自分たちの意味や価値を構築し、仲間に提案しようと挑む子ども集団を目指す。本時はフィギュアなどのスタンドも流用させ、空間での動き、パフォーマンスをつくり出したいストレスを軽減させる。前回までの試しの活動からより濃密な形や色、音や動きを根拠とした切磋琢磨、探求を期待する。

4．活動内容

（1）　活動のねらい

①「embot」のプログラミングを取り入れた作品を試した前回の振り返りから、仲間とともに構造や表現の意味などを考えることを通し、基本的な操作を確かめながら発想・構想を重ね、自分たちの表現を探求する。（知識及び技能）、（思考力・判断力・表現力など）
②互いの試した「embot」作品の色合いや音、動きのよさ、感じられる意味などを評価し合ったり、感じたよさを取り入れたりすることを通して自分の意味を変容させ、より自分たちらしい表現価値に高めていこうとする。（学びに向かう力、人間性など）

（2）　活動計画（6時間計画）

第1、2時　　　　「embot」を扱う条件を確かめ、可能性を探る。
第3時（本時）　　互いの作品の鑑賞からよさを取り入れ、互いの意味を変容させる。
第4、5、6時　　プログラミングの可能性を広げ、さらなる自分たちなりの表現を探求する。

（3）　準備

プログラミング教材「embot」、「iPad」（児童用16台、教師用）、PC、プロジェクタ、画用紙、ストロー、紙コップ、つづりひも、セロハンテープなどの工作材料 単4電池など。

（4）本題材の展開（全6時間 本時は第3時）

■学習活動　◇子どもの活動・反応など	□指導上の留意点
■鑑賞活動①（活動の見通しを共有する） ◇仲間の作品を鑑賞しその構造をともに探る ◇相互交流し活動条件を見出す。自分との違いや気付きなどを出し合い、活動の見通しをもつ◇自分たちの問いを構成するきっかけとする ●あの動きはどう命令をすればつくれるかな **■課題把握から自己対話へ。** ◇活動条件から互いの考えを試す ●命令する角度の違いで動きが変わるよ ●付け足す材料の違いで不思議な感じが出せたね ●君たちのプログラムを参考にしてみるよ **■鑑賞活動②** **（仲間との対話から再考、吟味する）** ◇試した方法を鑑賞し合い、評価し合う ●○○の動きにするには何を加えればいいかな	**□課題から自分たちの問いに繋げる** ●仲間の作品の構造を探らせることで見通しを持たせ、意欲や必然性・切実感を高める ●プログラミングの効果を根拠に、アイデアのやり取りを整理し、全体に共有させる **□鑑賞活動を活性化させる①** ●子どものこだわりや葛藤などを適宜取り上げ全体に広げ共有を図る ●仲間と違う視点を提案しようとする子どもをみとり、考えを整理し全体に広げる **□鑑賞活動を活性化させる②** ●互いに評価し合おうとする声をみとり、ともに考える成就感ややりがいに繋げる。 ●あえて批評し合う声をみとり、価値づけ、学ぶ実感につなげる。

鵜飼　佑 うかい ゆう

PROFILE
- 一般社団法人未踏 未踏ジュニア代表
- 元文部科学省プログラミング教育
  プロジェクトオフィサー

　プログラミング「教育」という名前からか、プログラミング教育にはどうしても何か明確なプログラミングの知識を学んだり、もしくは教科の学びにプログラミングを役立てる、といったようなことが先にきてしまいがちです。もちろんその視点も忘れてはいけないのですが、私は小学校段階のプログラミング教育で一番大切なことは、プログラムを自分でかけることで、自分や回りの人を笑顔にしたり、その人達の生活を少しでも便利にできるという体験をすることだと思っています。そんな思いから、文部科学省に民間登用で入省後は、主に総合的な学習の時間で、探究的な学びの過程で表現としてプログラミングを体験する取り組みを推進してきました。

　その過程で担当したプロジェクトの1つが文部科学省、総務省及び経済産業省が共同で小学校プログラミング教育の実施に向けた準備を推進するために行った「みらプロ」です。その協力企業の1つがNTTドコモ様で、embotによるプログラミング体験を通して、ロボットと人間がともに過ごす未来の社会について探求する「プログラミングを生かしてより良い生活に」という指導案を一緒につくらせていただきました。限られた時間の中で、様々な協力を取りつけていただき、実際に指導案を活用した実践についても多大なサポートをいただいたこと、皆様に大変感謝しております。

　その過程で、総合的な学習の時間を実践する教室にも、実際に何度か足を運ばせていただき、先生方や子どもたちの反応などを見る中で、「自分や回りの人を笑顔にしたり、その人達の生活を少しでも便利にできるというプログラミング体験」をするツールとしてのembotの良さに気付かされました。特に、小学校段階でのプログラミング教育では、限られた時間の中でプログラミング体験を行う必要があるため、多くの子どもが似たようなプログラムを書くことになりがちなのですが、例えばembotではサーボモーターを動かしたりブザーを鳴らすシンプルなプログラムでも、工作部分で工夫をすることで、自分のアイデアを制作物に入れられることが、上述の目的を達成するうえで素晴らしいと感じました。今後も、embotが子どもたちのワクワクを育み続けることを、応援しています！

プログラミングを通して学ぶ
未来は自分でつくれるもの、ということ

embotが育む
子どもたちの無限の可能性

■　プログラミング教育の目指すゴールはどういうところでしょうか?

利根川　文部科学省は3つの観点でまとめておりまして、ざっくり要約すると1番:「プログラミング的思考を育むこと」、2番:「プログラムの働きやよさ等への『気付き』を促し、コンピュータ等を上手に活用して問題を解決しようとする態度を育むこと」、3番:「各教科等の学びをより確実なものとすること」という感じです。個人的にはその中の2番、抽象化すると「コンピュータとどう生きていくのか」ということが最も大事だと考えています。コンピュータは20世紀最大の発明にして、今のところ21世紀最大の価値創造の要因・源泉です。そのコンピュータはシンプルに捉えると入力→処理→出力という構造になっています。まず最初の入力の段階ではキーボード、マウス、タッチスクリーンといったものだけでなく、様々なセンサー類で非常に多くの情報を扱えます。2つ目の処理の段階ですが、プログラムの仕方は年々簡単になっていますし、計算速度も指数関数的に速くなり続けている。また、通常の電卓と異なり「何を計算す

るか設計可能」なので計算出来る問題は理論的には全て解くことができます。最後の出力の段階も、ディスプレイ、音声、プリンターといったイメージしやすいものだけでなく、3Dプリンター、ドローン、自動運転車、エアコン等、自分たちの暮らしを便利にしている様々な形で活用されています。また、それらの処理を、ストレージで時間を、ネットワークで空間を超え実施することができます。故にコンピュータは下手したら人類最大の発明、控えめに言っても蒸気機関と並ぶくらいの大発明です。ですが、日本の学校教育はまだコンピュータの扱いが少なすぎて、ここはちゃんとやっておこうよ、と言わざるを得ないと考えています。

■　プログラミング教育が普及するだけではなく、若い世代たちが身につけるようになっていく、そのために教師側に求められる重要なものやポイントは何ですか?

利根川　まずは「そもそもこれをなぜ教えるのか?」をしっかり抑えていただきたいと考えています。これだけ偉大なものとしっかり向き合おうというメッセージが、先生たちにも伝わっていて欲しい。そのうえで、子どもの未来をつくっていくという意識を持つことが必要かなと思います。コンピュータは未来をつくっていく大事な

要素。未来をつくるのは若者。そのふたつですね。一方で、私と完全に一致しなくていいのですが、その先生なりのポリシーに沿った納得感を持って欲しいなと思います。要するにコンピュータには無限の可能性がある、ということが伝わって欲しいです。先生方にも徐々にそういうことに気付いてもらえるといいなと……進化の歩みが止まらないことが大切だと思います。

■ つまり、いかに子どものすごさを大人が引き出すかというところが大事で、ある意味、先生が子どもと一緒に学んだり、子どもから教わるという認識になるべきということですね。

利根川 そうです。大人が子どもに勝てるわけありません。とりあえず大人は最初の1歩分だけリードして、子どもに負けてあげるくらいの方がいいです。特に学校の先生だと、未来は決まっているものとか、答えはあるものみたいに考えがちですが、そうではなく未来はつくるもの、と考えるべきだと思います。

その観点だと『embot』はとても良いですよね！コンピュータにダンボールが組み合わさることで、出来ることが無限大になる。子どもたちが持つ想像力を最大限に引き出せますし、いろいろな可能性を秘めていると思います。世の中を変えていく、未来がつくられていく象徴になるというか。

また、embotプロジェクトが大企業の商売としてではなく、額田さん個人がつくりたかったからという考えでスタートしたのもすごくよい。額田さんも当初はエキスパートではなく、個人の情熱しかなかったところから始まったプロジェクト。それが、大きな会社の新規事業になり、営業部門も動き、学校現場でも広まり、先生のコミュニティもでき、他の企業とも共同でやっている。まさに『embot』を通して未来がつくられている。なので『embot』などを使ったプログラミング教育を経た若い世代から、新たな額田さんのような存在が生まれる、額田ネクストジェネレーションが築かれていくとよいですね。

■ 大人たちの背中を越えて行けと。

利根川 先生方から「プログラミング教育は、どうしたらいいですか?」という質問が出てくることもありますが、初めてのことに答えが出るわけありません。正解っぽいことを言うとすれば、この本を読むことも大事だし、文部科学省の手引きとかを読んで欲しいですが、それよりも『embot』など、なんでもいいから子どもたちと一緒にコンピュータと向き合う。それが答えなのではないでしょうか。自分がつくったらこうだったとか、誰々のは面白いねとか、子どもと一緒に遊ぶような、結果的に双方が学んでいるというのがあるべき姿だと思っています。

PROFILE

利根川裕太 とねがわゆうた

2015年に特定非営利活動法人「みんなのコード」を設立し、代表理事に。2016年より文部科学省「小学校段階における論理的思考力や創造性、問題解決能力等の育成とプログラミング教育に関する有識者会議」委員。

embot 商品ガイド

https://www.embot.jp/

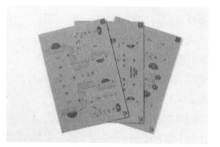

embot スターターキット

本体用ダンボール（3枚）／embotコア（1個）／ブザー（1個）／LEDライト（2個）
サーボモーター（2個）／モーター用パーツ（1式）／説明書（1枚）
■ 価格：6,600円（税込）　■ 販売元：タカラトミー
（※価格は2021年7月時点）

● 専用アプリをダウンロードしていただき、アプリからプログラミングを行うことで、embotを動かせます。
● 対応OS：Android5.0以上、iOS10以上、Windows10（1803以降）、Google Chrome OS 87以上
（2021年7月時点）最新情報は公式ホームページをご確認ください（https://www.embot.jp/）
● Bluetooth4.0以上が利用可能であることも必須となります（2021年7月時点）
● タブレットでの操作を推奨（タブレットは別売りです）

巷には既にプログラミング教育に関する書籍がたくさん出ている中、どうして新たに出版するのか？　それは、どのようにプログラミング教育を行うのかという方法論ではなく、多くの事例をご紹介しながら、どのような指導場面が重要なのか、どのような教師のはたらきかけが意義があるのかという要点を、１人でも多くの先生にお伝えし、プログラミングの授業を行う際の本質的な授業研究に繋がる入門書が必要だと思ったからです。

本書に書かせていただいたエッセンスは、embotに限らずプログラミング教育全般に共通することも多いので、他のプログラミング言語を扱う際にも参考になることと思います。しかしembotはユニークなプログラミングツールです。最初はダンボールのキャラクターに目が行きがちですが、本質はフローチャートでの全体を俯瞰的に見る設計と、個別の詳細な処理を行う設計とを行き来しながら自分のアイデアを具体化でき、レベル分けされている開発環境と、タブレットのセンサや外部のセンサの扱いやすさだと私は思っています。楽しい、面白い、これならできそう！とプログラミングの導入教材にぴったりです。

ところで私がembotそして額田さんと出会ったのは、仙台在住の共通の知人の阿部さんがきっかけでした。たまたま東京出張中の私に阿部さんから連絡が入り、会わせたい人がいると。急遽東京駅のレストランで帰りの新幹線の時間まで食事しながら、パソコンとembotを前に３人でプログラミング教育について熱く会話し、額田さんのembotに対する考え方やembotの持つポテンシャルに大きく感銘を受けたことを覚えています。そのことがきっかけでこうして出版することができ、阿部さんには本当に感謝しかありません。

小学校・中学校でのプログラミングは、一般教養としてのプログラミングであり、職業訓練的なものではありません。学校でのプログラミングが、子どもたちにとってプログラミングをもっとやってみたい！コンピュータのことをもっと知りたい！という興味関心や知的好奇心を喚起する素敵な出会いであって欲しいと切に願っています。

安藤明伸

あとがき

額田一利

私は過去に教員を志していましたが、今はただの民間人です。指導案をご提供いただいた先生方のお陰でembotは教材へと進化したのです。中には参加させていただいた授業もあります。embotの良さを引き出し笑顔の絶えない授業は毎回ものすごく感動しましたし、embotをつくって良かったと心から思いました。指導案をご提供くださった先生方に心から感謝いたします。今後も安藤先生にご協力いただきながら、より良い教材になるようembotはパワーアップ予定です。ご興味のある方はembotサイトの問合せフォームから「本読みました！」とご連絡くださいませ。額田がお伺いすることもありますので、その際に本の感想もお聞かせいただけると嬉しいです。

また、embotを趣味から事業にするか迷ったときには背中を押し、そして、額田に託してくれた脇阪くん、山﨑くん本当にありがとうございます。お２人のお子さんが学校の授業でembotを使う日が来ることを心から楽しみにしております！

著　**安藤明伸**（あんどう　あきのぶ）
宮城教育大学教育学部教授。同 情報活用能力育成機構 副機構長
教育工学的な立場から技術科教育と情報教育を専門に、
現在はプログラミング教育の浸透に力を入れる。

著　**額田一利**（ぬかだ　かずとし）
NTT ドコモ イノベーション統括部 ／ e-Craft CEO
embot 開発のリーダーとして、日本のプログラミング教育を牽引する気鋭。

ここがポイント！
小学校
プログラミング教育の
要点ズバリ！

embotで楽しく実践できる指導案
特選15

2021 年 8 月 9 日　第 1 刷発行

著　者	──	安藤明伸
		額田一利
発行人	──	小澤洋美
編集人	──	西堀　靖
発行所	──	株式会社 小学館

〒 101-8001　東京都千代田区一ツ橋 2-3-1
編集 ─── 03-3230-5119
販売 ─── 03-5281-3555

印刷所 ─── 凸版印刷 株式会社
製本所 ─── 株式会社 若林製本工場

© 2021 embot
© AKINOBU ANDO, KAZUTOSHI NUKADA 2021
Printed　in Japan
ISBN 978-4-09-840217-5

デザイン ── Creative・Sano・Japan（大野鶴子、水馬和華）
編集 ─── リワークス（菊地武司、加藤雄斗）
校閲 ─── 会田次子　玄冬書林
制作 ─── 斉藤陽子、坂野弘明
宣伝 ─── 阿部慶輔
販売 ─── 大下英則
DTP ─── 昭和ブライト製版部

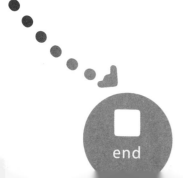

end